U0105026

古典文獻研究輯刊

三八編

潘美月・杜潔祥 主編

第32冊

《說文解字》今注

（第七冊）

牛尚鵬 著

國家圖書館出版品預行編目資料

《說文解字》今注（第七冊）／牛尚鵬 著 -- 初版 -- 新北市：
花木蘭文化事業有限公司，2024〔民 113〕
目 2+230 面；19×26 公分
（古典文獻研究輯刊 三八編；第 32 冊）
ISBN 978-626-344-735-6（精裝）
1.CST：說文解字 2.CST：注釋
011.08 112022600

ISBN-978-626-344-735-6

古典文獻研究輯刊
三八編 第三二冊 ISBN：978-626-344-735-6

《說文解字》今注
（第七冊）

作　　者　牛尚鵬
主　　編　潘美月、杜潔祥
總 編 輯　杜潔祥
副總編輯　楊嘉樂
編輯主任　許郁翎
編　　輯　潘玟靜、蔡正宣　美術編輯　陳逸婷
出　　版　花木蘭文化事業有限公司
發 行 人　高小娟
聯絡地址　235 新北市中和區中安街七二號十三樓
　　　　　電話：02-2923-1455／傳真：02-2923-1400
網　　址　http://www.huamulan.tw 信箱 service@huamulans.com
印　　刷　普羅文化出版廣告事業
初　　版　2024 年 3 月
定　　價　三八編 60 冊（精裝）新台幣 156,000 元

《說文解字》今注
（第七冊）

牛尚鵬 著

目次

第七冊

卷十下

囪部

囪𡆼chuāng（窗）　在牆曰牖，在屋曰囪。象形。凡囪之屬皆从囪。〔楚江切〕窗或从穴。𡆼古文。

【注釋】

今通行重文窗，窗的本義是天窗，在屋頂。

屋，本義是屋頂。在牆壁的叫牖，往北開的叫向。囪、窗本一字之異體，後分別異用，囪作為煙囪字，從囪之字多有通空義，見前「蔥」字注。

悤𢛁cōng　多遽悤悤也。从心、囪，囪亦聲。〔倉紅切〕

【注釋】

此今「匆匆」之本字也。

文二　重二

焱部

焱焱yàn　火華也。从三火。凡焱之屬皆从焱。〔以冉切〕

【注釋】

火華者，火花也。

段注：「古書焱與猋二字多互訛，如曹植《七啟》：風厲猋舉，當作焱舉。班固《東都賦》：焱焱炎炎，當作猋猋炎炎。王逸曰：猋，去疾皃也。李善注幾不別二字。從三火，凡物盛則三之。」

熒 yíng　屋下鐙燭之光。从焱、冂。〔戶扃切〕

【注釋】

荧乃草書楷化字形。鐙，燈之俗字。

本義是微弱的光，從熒之字、之音多有小義，見前「營」字注。引申出迷惑義，如「熒惑」謂迷惑也。火星叫「熒惑星」，因其熒熒如火，亮度時變，令人迷惑。

段注：「熒者，光不定之皃，今江東人俗語如役。高注《淮南》每云熒惑，是也。泲水出沒不常，故《尚書》『泆為熒』作此字。《周禮》：其川熒雒。」

燊 shēn　盛皃。从焱在木上。讀若《詩》：莘莘征夫。一曰：役也。〔所臻切〕

【注釋】

本義是盛多貌，今「莘莘學子」之本字也。許書有以讀若破假借之體例。

段注：「駪駪征夫，《馬部》駪下不引《詩》，而此引作莘莘，《招魂》引作侁侁，亦作莘莘，音相近也。」

文三

炙部

炙 zhì　炮肉也。从肉在火上。凡炙之屬皆从炙。〔之石切〕 籀文。

【注釋】

烤肉也。今有「膾炙人口」，膾，細切肉也；炙，烤肉也，二者皆美食。

「親炙」謂直接得到某人的教誨或傳授，如「久仰大名，無由親炙」。《孟子·盡心下》：「非聖人而能若是乎？而況於親炙之者乎？」朱熹集注：「親近而薰炙之也。」宋曾鞏《撫州顏魯公祠堂記》：「聞其烈，足以感人，況拜其祠而親炙之者歟？」親炙弟子與私淑弟子對應。

《顏氏家訓》：「火傍作肉為炙字，凡傅於火曰燔，貫之而加於火曰炙，裹而燒者曰炮。柔者炙之，乾者燔之。」

段注：「《瓠葉》傳曰：炕火曰炙。《正義》云：炕，舉也。謂以物貫之而舉於火上以炙之。《瓠葉》言炮、言燔、言炙，傳云：『毛曰炮，加火曰燔，抗火曰炙。』燔、炙不必毛也，抗火不同加火之逼近也。炮，裹燒之也。燔，加於火上也。炙，貫之火上也。三者正與《瓠葉》傳相合。」

䋣 [篆] fán（膰） **宗廟火孰肉。从炙，番聲。《春秋傳》曰：天子有事䋣焉，以饋同姓諸侯。〔附袁切〕**

【注釋】

宗廟祭祀時用火烤熟的肉。俗字作膰。小徐本「孰」作「熟」，小徐多俗字。

段注：「今世經傳多作燔、作膰，惟許書作䋣。《火部》燔下云：爇也。是《詩》作燔為假借字，他經作膰乃俗耳。」

繚 [篆] liǎo（燎） **炙也。从炙，尞聲。讀若燎爇。〔力照切〕**

文三　重一

赤部

赤 [篆] chì **南方色也。从大，从火。凡赤之屬皆从赤。〔昌石切〕** [古文] **古文，从炎、土。**

【注釋】

南方丙丁火，火色紅，故是南方色也。

饒炯《說文解字部首訂》：「南方盛陽之區，其象昭著，火為之行，色赤，凡火皆有明著之象，微則熒熒，大則赫赫，故赤从大、火會意。」

表紅色義詞語的區別，見「朱」字注。引申為忠誠義，今有「赤膽忠心」。有光著義，今有「赤腳」「赤膊上陣」。引申出空義，今有「赤地千里」。

段注：「按赤色至明，引申之凡洞然昭著皆曰赤，如赤體謂不衣也，赤地謂不毛也。俗借為尺，赤子或作尺子。」

赨 [篆] tóng **赤色也。从赤，蟲省聲。〔徒冬切〕**

【注釋】

赤色也。

𧹟 hù　　日出之赤。从赤，𣪊省聲。〔火沃切〕

【注釋】

朝霞貌，《廣韻·屋韻》：「𧹟，日出赤皃。」明楊慎《丹鉛續錄》：「𧹟，日出色也。」章炳麟《新方言·釋器》：「浙江狀暗赤色曰紅𧹟𧹟。」

赧 nǎn　　面慙赤也。从赤，𠬝聲。周失天下於赧王。〔女版切〕

【注釋】

本義是羞愧而臉紅，今有「赧然」「赧顏」。𠬝，音 niǎn。

經 chēng（赬）　　赤色也。从赤，巠聲。《詩》曰：魴魚經尾。〔敕貞切〕赬經，或从貞。𧹈或从丁。

【注釋】

今通行重文赬。

《詩·周南·汝墳》：「魴魚赬尾，王室如毀。」毛傳：「赬，赤也。魚勞則尾赤。」朱熹集傳：「魴尾本白而今赤，則勞甚矣。」後因以形容人困苦勞累，負擔過重。庾信《哀江南賦》：「既而魴魚赬尾，四郊多壘。」

段注：「《周南》傳曰：赬，赤也。《爾雅·釋器》：一染謂之縓，再染謂之赬，三染謂之纁。郭曰：縓，今之紅也。赬，染赤也。纁，絳也。」

浾 chēng　　棠棗之汁，或从水。〔敕貞切〕泟浾，或从正。

赭 zhě　　赤土也。从赤，者聲。〔之也切〕

【注釋】

本義是紅土。

今淺紅色顏料有赭石。「赭徒」謂囚徒，犯人也，因身穿赭衣，故稱。古者罪犯身穿赭色衣，今犯罪嫌疑人穿黃色馬甲乃其遺跡也。赤有光禿禿義，因此伐去樹木，使山光禿呈赭色，亦謂之赭，如「赭山」，謂伐盡山上的樹木。赤也有此二義，同步引申也。

段注：「《邶風》：赫如渥赭，即《秦風》之顏如渥丹，故箋訓赭為丹。古《秦風》

毛亦作渥赭，是以《韓詩》作沰，沰與赭音義皆同也。《管子・地數篇》云：上有赭者下有鐵。是赭之本義為赤土也，引申為凡赤。」

𧹞 gàn　　赤色也。从赤，倝聲。讀若浣。〔胡玩切〕

【注釋】

瀚（浣）從此聲。

赫 hè　　火赤貌。从二赤。〔呼格切〕

【注釋】

本義是火旺盛的樣子。

引申為火紅色，《詩經》：「赫如渥赭。」又發怒貌，《晉書》：「皇震其怒，赫如雷霆。」引申為顯著貌，今有「赫然」，謂盛大貌。又發怒貌，《後漢書》：「天子赫然震怒。」又觸目驚心貌，《公羊傳》：「趙盾就而視之，則赫然死人也。」

段注：「大赤皃。大各本作火，今正。此謂赤，非謂火也。赤之盛，故从二赤。《邶風》：赫如渥赭。傳曰：赫，赤皃。此赫之本義也。若《生民》傳曰：赫，顯也。《出車》傳：赫赫，盛皃。以及《雲漢》傳：赫赫，旱氣也。《桑柔》傳：赫，炙也。皆引申之義也。」

文八　重五

赩 xì　　大赤也。从赤、色，色亦聲。〔許力切〕

【注釋】

大赤色。

段注：「《爾雅・釋訓》奭奭，本作赫赫，二字古音同矣。或作赩，如《白虎通》引『韎韐有赩』，李注《文選》亦引《毛傳》：赩，赤皃。」

赮 xiá　　赤色也。从赤，叚聲。〔乎加切〕

【注釋】

從叚之字多有紅色義，見前「瑕」字注。

文二　新附

大部

大 dà / dài　天大，地大，人亦大。故大象人形。古文大也。〔他達切〕凡大之屬皆从大。〔徒蓋切〕

【注釋】

甲骨文作，象人之形。王筠《說文句讀》:「此謂天地之大，無由象之以作字，故象人之形以作大字，非謂大字即是人字也。」王說甚是。古文字中大作偏旁可表人。

象形字一般是名詞，表示該事物，有的象形字是形容詞，表示的不是該事物，而是該事物具有的特徵，即關聯象形造字法。詳見「高」「乘」字注。

奎 kuí　兩髀之閒。从大，圭聲。〔苦圭切〕

【注釋】

本義是兩胯之間。段注:「奎與胯雙聲，奎宿十六星以像似得名。」

奎星主文章，故有關文章的事，多加奎字。如「奎章」謂皇帝的親筆字，或神仙的手筆。朝鮮皇家圖書館有「奎章閣」，我國元代皇宮亦有「奎章閣」。「奎垣」謂文人薈萃之地。「奎壁」，奎宿與壁宿的並稱，舊謂二宿主文運，故常用以比喻文苑。

夾 jiā（夹）　持也。从大俠二人。〔古狎切〕

【注釋】

簡體字夹乃草書楷化字形，參「爽」之草書。

甲骨文作，林義光《文源》:「象二人相向夾一人。」從二人言之，是對中間人之輔助，故夾有輔佐義，《左傳》:「以夾輔周室。」從一人言之，則是挾帶二人，故夾實挾之初文也，故許云：持也。引申為在兩旁義，今有「夾道歡迎」。引申出兩義，如「夾行小字」謂雙行也。夾，兩也。「夾岸數百步」，指兩岸也。

奄 yǎn　覆也，大有餘也。又，欠也。从大，从申。申，展也。〔依檢切〕

【注釋】

本義是覆蓋。實乃掩之初文也。

常「奄有」連用，《詩經》:「奄有其地。」「奄奄」，微弱貌，今有「氣息奄奄」。

從奄之字多有掩蓋義，見前「俺」字注。引申出停留義，如「日月忽其不奄兮」，後作淹，今有「淹留」。常用忽然義，如「奄忽」「奄忽如神」，後「奄忽」代指死亡。

段注：「古奄、弇同用，覆、蓋同義。《詩·皇矣》傳曰：奄，大也。《執競》傳曰：奄，同也。鄭箋《詩》奄皆訓覆。許云：覆也，大有餘也。二義實相因也，覆乎上者，往往大乎下，故字从大。《周官經》謂宦者為奄，以精氣閉藏名之，覆蓋義之引申也。」

夸[篆] kuā　　**奢也。从大，于聲。〔苦瓜切〕**

【注釋】

奢，張大也。夸的本義是張大、張開，今「夸張」，保留本義。

從夸之字多有大義，如跨、誇（大言也）、瓠（匏也）、匏（瓠也）。「夸父逐日」，「夸父」者，猶大男人也。引申出奢侈、過度義，《荀子》：「貴而不為夸。」今有「豪夸」。

查[篆] huán　　**奢查。从大，亘聲。〔胡官切〕**

【注釋】

桓有大義，本字當作查。桓之本義乃華表，非本字明矣。

段注：「今經傳都無查字，有桓字，《商頌·長發》傳曰：桓，大也。箋云：廣大其政治。此可以證桓即查之假借字。周書《謚法》：闢土服遠曰桓，闢土兼國曰桓，皆是大義。《釋訓》曰：桓桓，威也。蓋此等桓字亦查之假借字，大之義可以兼武也。桓之本義為亭郵表，自經傳皆借為查字，乃致桓行查廢矣。」

瓠[篆] gū　　**瓠大也。从大，瓜聲。〔烏瓜切〕**

奯[篆] huò　　**空大也。从大，歲聲。讀若《詩》：施罟泧泧。〔呼括切〕**

【注釋】

今「豁落」之本字也。豁落，空大貌。《說文》：「豁，通谷也。」

戴[篆] zhì　　**大也。从大，𢦔聲。讀若《詩》：秩秩大猷。〔直質切〕**

【注釋】

鐵從此聲。秩有大義，本字當作戴，秩之本義是聚集，非本字明矣。許書有用讀若破假借之例。

段注：「戴戴當作秩秩，今《毛詩》正作秩秩。傳曰：秩秩，進知也。」

奅 pào　　大也。从大，卯聲。〔匹貌切〕

夽 yǔn　　大也。从大，云聲。〔魚吻切〕

奃 dī　　大也。从大，氐聲。讀若氐。〔都兮切〕

乔 jiè　　大也。从大，介聲。讀若蓋。〔古拜切〕

【注釋】

介有大義，《爾雅》：「介，大也。」介龜，大龜也。介福，大福也。本字當作乔。《說文》：「介，畫也。」非本字明矣。

段注：「《方言》：乔，大也。東齊海岱之間曰乔。按經傳多假介為之。」

𡗣 xiè　　瞋大也。从大，此聲。〔火戒切〕

【注釋】

從此之字多有小義，此訓瞋大者，相反為義也。

𡘍 bì　　大也。从大，弗聲。讀若「予違，汝弼」。〔房密切〕

【注釋】

段注：「《周頌》：佛時仔肩。傳曰：佛，大也。此謂佛即𡘍之假借也。《小雅》：廢為殘賊。毛傳：一本廢，大也。《釋詁》云：廢，大也。此謂廢即𡘍之假借字也。」

奄 chún　　大也。从大，屯聲。讀若鶉。〔常倫切〕

【注釋】

《左傳》：「潁考叔，純孝也。」《爾雅》：「純，大也。」或以為本字當作奄，即大孝也。

契𡘾 qì　　大約也。从大，从㓞。《易》曰：後代聖人易之以書契。〔苦計切〕

【注釋】

大約者，大的契約。

段注：「約取纏束之義，《小宰》：聽取予以書契。大鄭云：書契，符書也。後鄭云：『書契謂出予受入之凡要。凡簿書之最目，獄訟之要辭，皆曰契。』今人但於買賣曰文契。經傳或假契為栔，栔，刻也。又叚為挈字，如『死生契闊』，傳曰：契闊，勤苦也。又『契契寤歎』，傳曰：契契，憂苦也。皆取提挈勤苦之意也。」

分契之後，債權人持右半，右半稱「右契」；債務人持左半，左半稱「左契」。《禮記·曲禮上》：「獻粟者執右契。」獻粟者相當於債權人，故執「右契」。《老子》：「是以聖人執左契而不責於人。」「左契」也是指債權人所持者，楚人尚左，老子是楚人，所以以「左契」為上。「右契」「左契」亦稱「右券」「左券」。成語「穩操勝券」，或作「穩操右券」，就是處於債權人的優越地位，有必勝把握。

「書契」謂文字也，《說文·序》：「上古結繩而治，後世聖人易之以書契。」羅振玉有《殷墟書契》。常用義刻也，今有「契刻」；合也，今有「契合」，「契闊」謂離合也，闊，遠也。《詩經》：「死生契闊。」引申久別也，曹操《短歌行》：「契闊談宴，心念舊恩。」引申辛苦義，如「夙夜契闊」。

夷𡗝 yí　　平也。从大，从弓。東方之人也。〔以脂切〕

【注釋】

本義是平坦。跟險相對，險者，路難走。

夷引申出安全義，險引申出危險義，今有「化險為夷」。從夷之字多有平義，如夷為平地、芟荑、徲（行平易也）。甲文、金文蠻夷之夷字，與尸為一字，象人形，假借字也。夷與弟字為一字，象韋束矢之形。

段注：「《出車》《節南山》傳皆曰：夷，平也。《皇矣》傳曰：夷，常也。謂夷即彝之叚借也。凡注家云『夷，傷也』者，謂夷即痍之假借也。《周禮》注：夷之言尸也。謂夷即尸之叚借也。尸，陳也。其他訓釋皆可以類求之。」

文十八

亦部

亦 yì　**人之臂亦也。从大，象兩亦之形。凡亦之屬皆从亦。〔臣鉉等曰：別作腋，非是。〕〔羊益切〕**

【注釋】

本義是人的腋窩。臂亦者，連類而及臂字。甲骨文作，高鴻縉《中國字例》：「即古腋字，从大（人）而以八指明其部位，指事字，假為副詞，遂另造腋字。」

段注：「人臂兩垂，臂與身之間則謂之臂亦。臂與身有重疊之意，故引申為重纍之詞。按經傳之亦，有上有所蒙者，有上無所蒙者。《論語》：不亦說乎、亦可宗也、亦可以弗畔、亦可以為成人矣，皆上無所蒙。

皇侃曰：『亦猶重也。』此等皆申重讚美之詞，亦之言猶大也、甚也。若《周頌》：亦有高廩、亦服爾耕。鄭箋云：亦，大也。是謂亦即奕奕之叚借也。《亣部》曰：奕，大也。又或叚為射，或叚為易。」

夾 shǎn　**盜竊褱物也。从亦有所持，俗謂「蔽人俾夾」是也。弘農陝字从此。〔失冉切〕**

【注釋】

盜竊東西藏在懷裏。今陝西字從此聲。陝、陜有別，陝為陝西字，陜為陜隘字。後陝西字寫作陜，則陜隘字作狹。今簡化作陕、狭。

段注：「漢弘農陝縣，在今河南陝州。从夾之字絕少，故著之。陜隘字从夾。」

文二

夨部

夨 zè　**傾頭也。从大，象形。凡夨之屬皆从夨。〔阻力切〕**

【注釋】

本義是頭歪。容庚《金文編》：「夨象頭之動作，大象手之動作。」

㚖 jié　**頭傾也。从夨，吉聲。讀若孑。〔古屑切〕**

奊 xié　**頭邪，骫奊態也。从夨，圭聲。〔胡結切〕**

【注釋】

段注：「頭邪者，頭不正。骫奊者，頭不正之皃也。《左傳》齊有慶奊，即慶繩，蓋以頭邪為名，以繩直為字，名字相應也。《賈誼傳》：奊詬無節。叚奊為謑。」

吳𡗕wú　姓也，亦郡也。一曰：吴，大言也。从夨、口。〔五乎切〕〔徐鍇曰：大言，故夨口以出聲。《詩》曰：不吳不揚。今寫《詩》者，改吳作吴，又音乎化切，其謬甚矣。〕𡚸古文如此。

【注釋】

吳乃隸定字形，吴乃隸變字形，俗謂口天吴也。吳之本義是大聲說話，《詩經》：「不吳不敖。」引申為大。

段注：「《周頌・絲衣》《魯頌・泮水》皆曰不吳，傳箋皆云：吳，譁也。然則大言即謂譁也。大言者，吳字之本義也，引申之為凡大之稱。《方言》曰：吳，大也。《九章》：齊吳榜以擊汰。王注：齊舉大棹。」

文四 重一

夭部

夭𡗜yāo　屈也。从大，象形。凡夭之屬皆从夭。〔於兆切〕

【注釋】

本義是彎曲。林義光《文源》：「奔走字从夭，象兩手搖曳形。」

段注：「《隰有萇楚》注曰：夭，少也。《桃夭》傳曰：夭夭，桃之少壯也。《凱風》傳曰：夭夭，盛皃也。《月令》注曰：少長曰夭。此皆謂物初長可觀也，物初長者尚屈而未申，假令不成遂，則終於夭而已矣，故《左傳》《國語》注曰：短折曰夭。」

常用義折也，《管子》：「勿伐木，勿夭英。」「夭折」同義連文。災也，通「祅」，「天夭」即天災也。草木茂盛謂之夭，或作「夭夭」，《詩經》：「桃之夭夭。」又指和顏悅色義，如「燕居從容，申申夭夭」。又有幼小義，通「幺」，《國語》：「澤不伐夭。」

上天為人的壽限安排了兩個甲子年，即 120 歲，叫天年，如《隋唐英雄》之程咬金者是也；打九折即 108 歲，叫茶壽，如佘太君者是也；打八折 96 歲叫高壽；打七折即 84 歲；打六折是 72 歲，虛一歲即 73 歲；打五折 60 歲。60 歲以上叫壽，以下叫夭。民間有「七十三、八十四，閻王不叫自己去」之說。孔子活了 73 歲，孟子活了 84 歲，甚有以也。

又有「雙稀」「雙慶」之年，即 140 歲。古稀指 70 歲，雙慶是兩個 70 歲，再虛一度春秋，正好 141 歲。乾隆四十九年，以福建欽賜進士郭鍾岳年屆 141 歲，來浙迎鑾，賞國子監司業（教育部副部長，乃虛銜），號為「人瑞」。

喬 qiáo（乔） **高而曲也。从夭，从高省。《詩》曰：南有喬木。〔巨嬌切〕**

【注釋】

從高省聲也。乔乃草書楷化字形。

「喬木」，高木也。「喬遷」，高遷也。喬木高，梓木低，比喻父位尊，子位下，因稱父子為「喬梓」。又有假裝義，如「喬裝打扮」。從喬之字多有高義，見前「橋」字注。

段注：「按喬不專謂木，淺人以說木則作橋，如《鄭風》『山有橋松』是也。以說山則作嶠，《釋山》『銳而高，嶠』是也。皆俗字耳。許云高而曲，即《爾雅》之『上句如羽』，木有如是者，他物亦有如是者。」

㚔 xìng（幸） **吉而免凶也。从屰，从夭。夭，死之事，故死謂之不幸。〔胡耿切〕**

【注釋】

今隸變作幸，本義是免除凶災。《論語》：「不幸短命死矣。」皇疏：「凡應死而生曰幸，應生而死曰不幸。」

引申寵愛義，今有「寵幸」，特指皇帝的寵愛，如「臨幸」。皇帝到某處亦謂之幸，即「巡幸」。引申希望義，《史記》：「幸天下大變，而立大功。」引申有高興義，今有「慶幸」「欣幸」。

奔 bēn **走也。从夭，賁省聲。與走同意，俱从夭。〔博昆切〕**

【注釋】

金文作，《金文編》：「从夭，从三止，奔走之義。」郭沫若《兩周金文辭大系考釋》：「三止訛為卉。」

本義是奔跑，引申為趨向、將近義，如「奔東走」「他都奔六十了」。又指為某種目的而盡力去做，如「奔命」。湯顯祖《牡丹亭》:「（旦）娘，你女兒不幸，作何處置？（老）奔你回去也，兒。」

段注:「《釋宮》曰：室中謂之時，堂上謂之行，堂下謂之步，門外謂之趨，中庭謂之走，大路謂之奔。此析言之耳，渾言之則奔、走、趨不別也。引申之，凡赴急曰奔，凡出亡曰奔。」

文四

交部

交 jiāo　　交脛也。从大，象交形。凡交之屬皆从交。〔古爻切〕

【注釋】

交叉著小腿。交實乃骹之初文，抽象為交叉義，後另加骨旁作骹，《說文》:「骹，脛也。」

引申出交往、交流義，今有「與某人交好」。引申出互相義，《左傳》:「同鄭交惡。」引申出並、一起義，《小爾雅》:「交，俱也。」今有「風雨交加」「飢寒交迫」。

段注:「凡兩者相合曰交，皆此義之引申叚借耳。《楚茨》傳：東西曰交，邪行曰逪。交逪字之叚借也。《小雅》：交交桑扈。箋云：交交猶佼佼，飛往來皃。而《黃鳥》《小宛》傳皆曰：交交，小皃。則與本義不同，蓋方語有謂小交交者。」

𡗝 wéi　　邪也。从交，韋聲。〔羽非切〕

【注釋】

今回邪之本字也，回有邪僻義。

段注:「經典假回字為之。《小旻》：謀猶回遹。傳曰：回，邪也。《大明》：厥德不回。傳曰：回，違也。回皆𡗝之假借字。𡗝久不行，俗乃作違，經典多作回。《口部》曰：回，轉也。乃回之本義。必有許書而後知回衺之本字作𡗝，桓大之本字作查，倘不能觀其會通，則許書徒存而已矣。」

絞 jiǎo　　縊也。从交，从糸。〔古巧切〕

【注釋】

即絞刑，今上吊也。見「縊」字注。

段注：「古曰絞、曰絺者，謂兩繩相交，非獨謂經死（弔死）。《禮・喪服》：絞帶者，繩帶也。兩繩相交而緊謂之絞。」

文三

尣部

尣 wāng（尪） 尣，曲脛也。从大，象偏曲之形。凡尣之屬皆从尣。〔烏光切〕 古文，从㞷。

【注釋】

連篆為讀。作偏旁隸變作尢。

段注：「尢本曲脛之稱，引申之為曲脊之稱，故《人部》僂下曰：尪也。尢者，古文象形字。尪者，小篆形聲字。此亦古文二、篆文丄之例，必取古文為部首者，以其屬皆从古文也。」

尳 hú 厀病也。从尣，从骨，骨亦聲。〔戶骨切〕

【注釋】

小徐本「厀」作「膝」，小徐多俗字。

尬 bǒ（跛） 蹇也。从尣，皮聲。〔布火切〕

【注釋】

俗字作跛，今通行。《說文》：「跛，行不正也。」引申出偏、偏袒義，《禮記》：「遊毋倨，立毋跛。」王安石《上田正言書》：「介然立朝，無所跛倚。」

尪 zuǒ 尪尪，行不正。从尣，左聲。〔則個切〕

【注釋】

從左，聲兼義也。

尥 yào 行不正也。从尣，㚇聲。讀若耀。〔弋笑切〕

尲 gān（尷） 不正也。从尣，兼聲。〔古咸切〕

【注釋】

段注改作「尲尬，行不正也」，云：「今《集韻》《廣韻》皆云：尲尬，行不正也。」

尬 gà / jiè　　尲尬也。从尣，介聲。〔公八切〕，又〔古拜切〕

【注釋】

今作尷尬。本義是行不正，引申為處境窘困，不易處理。段注：「今蘇州俗語謂事乖剌者曰尲尬。」

尥 liào　　行脛相交也。从尣，勺聲。牛行腳相交為尥。〔力弔切〕

【注釋】

今「了」之本字也。

段注：「行而脛相交，則行不便利。高注《淮南》、郭注《方言》、王注《素問》皆曰：了戾，謂纏繞不適。」

尟 dī　　跛不能行，為人所引，曰尟𡰪。从尣，从爪，是聲。〔都兮切〕

【注釋】

尟𡰪，今之提攜也。

𡰪 xié　　尟𡰪也。从尣，从爪，巂聲。〔戶圭切〕

尪 yū　　股尪也。从尣，于聲。〔乙於切〕

𡰽 léi　　厀中病也。从尣，从羸。〔郎果切〕

文十二 重一

壺部

壺 hú（壶）　昆吾圜器也。象形。从大，象其蓋也。凡壺之屬皆从壺。〔戶吳切〕

【注釋】

今隸變作壺。

昆吾，制作陶器的人。壺乃昆吾之合音。張舜徽《約注》:「蓋急言曰壺，緩言則曰昆吾耳。」壺古今差別很大，古之壺象花瓶狀，口小，無提梁，遊戲有「投壺」。

壺為古代盛酒或盛水器，最早出現在商代早期。壺的形制在商代多為圓形、扁形、瓠形三類，周代以後又增加了方形、橢圓形等。戰國以後，大腹的圓壺名鍾，漢代時方壺名鈁，扁壺在戰國時名鉀。

段注:「《缶部》曰：古者昆吾作匋。壺者，昆吾始為之。《聘禮》注曰：壺，酒尊也。《公羊傳》注曰：壺，禮器。腹方口圓曰壺，反之曰方壺，有爵飾。又《喪大記》:狄人出壺，《大小戴記》:投壺，皆壺之屬也。」

壼 yūn　壹壼也。从凶，从壺。不得泄，凶也。《易》曰：天地壹壼。〔於云切〕

【注釋】

壹壼，即氤氳也，也作「煙熅」「絪縕」，指濕熱飄蕩的雲氣、煙雲彌漫的樣子。

段注:「今《周易》作絪縕，他書作煙熅、氤氳。許據《易》孟氏作壼，乃其本字，他皆俗字也。合二字為雙聲疊韻，實合二字為一字，其轉語為抑鬱。」

文二

壹部

壹 yī　專壹也。从壺，吉聲。凡壹之屬皆从壹。〔於悉切〕

【注釋】

專一之本字也。今只作為大寫。

引申出全部、一概義，今有「一如既往」，或作壹。「一生」「一屋子人」，皆全義也。引申出副詞義，乃也、竟也，《戰國策》:「靖郭君之於寡人，一至於此。」又有一旦、一經義，《莊子》:「一聞人之過，終身不忘。」今仍有此用法。

懿 yì　專久而美也。从壹，从恣省聲。〔乙冀切〕

【注釋】

本義是美好。《爾雅》:「懿，美也。」引申有深義，《小爾雅》:「懿，深也。」《詩經》:「女執懿筐。」今俗從忞，不省。

段注:「《周書・諡法》曰：柔克為懿，溫柔聖善曰懿。許益之以專久者，為其字从壹也。專壹而後可久，可久而後美。《小爾雅》：懿，深也。《詩・七月》傳曰：懿，深筐也。深即專壹之意也。」

文二

㚔部

㚔 niè　所以驚人也。从大，从羊。一曰：大聲也。凡㚔之屬皆从㚔。一曰：讀若瓠。一曰：俗語以盜不止為㚔。㚔讀若籋。〔尼輒切〕

【注釋】

作偏旁時隸變作幸。

本義是刑具，即手銬。甲骨文作、，董作賓《殷曆譜》:「象手械之形，蓋加於俘虜之刑具。」故從幸之字多跟刑法有關。

睪 yì　目視也。从橫目，从㚔，令吏將目捕罪人也。〔羊益切〕

【注釋】

今澤、擇、釋等字從此聲。

執 zhí　捕罪人也。从丮，从㚔，㚔亦聲。〔之入切〕

【注釋】

执乃草書楷化字形。

本義是逮捕罪人，甲骨文作，象以刑具拘人之形。引申有執行、施行義。執，行也，如「執弟子禮」。今有憑單義，如「回執」「收執」。

圉 yǔ　囹圄，所以拘罪人。从㚔，从口。一曰：圉，垂也。一曰：圉人，掌馬者。〔魚舉切〕

【注釋】

本義是監獄。捕罪人而拘於囗中，此囹圄也。

常用義是養馬，又指養馬的地方、養馬的人。圉人，馬夫也。《爾雅》:「圉，垂也。」垂者，邊陲也，故又有邊境義，《詩經》:「我居圉卒荒。」又有抵禦義，通「御」也，《爾雅》:「御、圉，禁也。」

段注:「囗為拘之，故其字作圉，他書作囹圄者，同音相叚也。蔡邕云:『囹，牢也。圄，止也。所以止出入，皆罪人所舍也。』崇精問曰:『獄，周曰圜土，殷曰羑里，夏曰均臺，囹圄何代之獄？』焦氏荅曰:『《月令》，秦書，則秦獄名也。漢曰若盧，魏曰司空，是也。』邊垂者，可守之地。養馬者，守視之事。疑皆圉字引申之義，各書叚圉為之耳。」

盩 zhōu　　引擊也。从㚔、攴，見血也。扶風有盩厔縣。〔張流切〕

【注釋】

今丟沙包之本字也，丟者，拋擊也。

段注:「說者曰:山曲曰盩，水曲曰厔。按即周旋、折旋字之假借也，在今陝西西安府盩厔縣東三十里地，名終南鎮。《元和郡縣志》:終南縣城，即漢盩厔故城也。厔俗作厔，非。」

報 bào　　當罪人也。从㚔，从𠬝。𠬝，服罪也。〔博號切〕

【注釋】

报乃草書楷化俗字。

本義是給犯人判罪。當者，判罪也。《五蠹》:「以為直於君而曲於父，報而罪之。」常用義有答覆也，今有「報答」「報復」，同義連文；又回信、答覆，今有「回報」。王安石《答司馬諫議書》:「故略上報。」又告也，今有「報告」；又酬勞也，今有「報酬」。

段注:「當謂處其罪也。按當者，漢人語。報，亦漢人語。斷獄為報，是則處分其罪以上聞曰奏當，亦曰報也。引申為報白，為報復。又叚為赴疾之赴，今俗云急報是也。」

𥷚 jū（鞫）　　窮理罪人也。从㚔，从人，从言，竹聲。〔居六切〕𥳉或省言。

【注釋】

俗字作鞫，經典常用。

本義是審訊、審問，今有「鞫訊」。又有窮困義，《爾雅》：「鞫、究，窮也。」《詩經》：「鞫哉庶正。」此「進退維谷」之本字也。

段注：「鞫者，俗簐字，訛作鞠。古言鞫，今言供，語之轉也。今法具犯人口供於前，具勘語擬罪於後。鞫與窮一語之轉，故以窮治罪人釋鞫，引申為凡窮之稱。《小弁》傳曰：窮也。按此字隸作鞫，經典从之，俗多改為鞠，大誤。」

文七 重一

奢部

奢 shē　　張也。从大，者聲。凡奢之屬皆从奢。〔式車切〕 籒文。〔臣鉉等曰：今俗作陟加切，以為奓厚之奓，非是。〕

【注釋】

本義是張開、張大。引申過分、過度義，今有「奢望」。「夸」有此二義，同步引申也。奢、奓本一字之異體，後分別異用。奓音 zhà，張開也。

段注：「《西京賦》：有馮虛公子者，心奓體泰。薛注：言公子生於貴戚，心志奓溢，體安驕泰也。未嘗云奓即侈字。李善引《聲類》云：奓，侈字也。疑李登始為此說，初非許意。」

奲 duǒ（嚲）　　富奲奲貌。从奢，單聲。〔丁可切〕

【注釋】

奲奲，下垂貌。今俗字作嚲，下垂也。

段注：「按此字與朵同音，故小徐云謂重而垂也。《毛詩·桑扈》《那》二傳皆曰：那，多也。《釋詁》同。《國語》：富都那豎。韋注：那，美也。那不知其本字，以許書折衷之，則奲為本字，那為叚借字耳。俗用嚲字，訓垂下皃，亦疑奲之變也。」

文二 重一

亢部

亢 gāng（頏）　　人頸也 [1]。从大，象頸脈形。凡亢之屬皆从亢。 亢，或从頁 [2]。〔古郎切〕

【注釋】

［1］本義是人之頸，頸直，故從亢之字多有堅、直義，今有「亢直」，謂剛直也。頏，直項莽頏貌。見前「伉」字注。

脖子居人之上體，故引申出高義，今有「高亢」「不卑不亢」。「亢旱」「亢奮」者，極度也，亦高之引申。亢本義是脖子，引申出咽喉義，如「絕亢而死」，後作「吭」，今有「引吭高歌」，相鄰引申也。東方七宿第二宿亢宿，即龍頸也。

段注：「《史》《漢・張耳列傳》：乃仰絕亢而死。韋昭曰：亢，咽也。蘇林云：『肮，頸大脈也。俗所謂胡脈。』《婁敬傳》：搤其亢。張晏曰：亢，喉嚨也。按《釋鳥》曰：亢，鳥嚨。亢之引申為高也、舉也、當也，俗作肮、作吭。」徐灝《注箋》：「頸為頭頸之大名，其前曰亢，亢之內為喉，混言則頸亦謂之亢。」

［2］亢、頏本一字之異體，後分別異用。今用作頡頏字，頡頏者，抗衡也、高傲也、鳥上下翻飛也。

段注：「《邶風》曰：燕燕于飛，頡之頏之。毛傳曰：飛而上曰頡，飛而下曰頏。解者不得其說，玉裁謂當作『飛而下曰頡，飛而上曰頏』，轉寫互訛久矣。頡與頁同音，頁古文䭫，飛而下如䭫首然，故曰頡之。頏即亢字，亢之引申為高也，故曰頏之，古本當作亢之。於音尋義，斷無飛而下曰頏者。東方朔《畫贊》云：苟屈不可以直道也，故頡頏以傲世。亦取直項之義。」

䡴 gǎng / hàng　　直項莽䡴貌。从亢，从夋。夋，倨。亢亦聲。〔岡朗切〕，又〔胡朗切〕

【注釋】

莽䡴，此「頡頏」之本字也。頡頏有抗衡義，如「頡頏名輩」，有高傲義，有上下翻飛義，皆高、直之引申也。

段注：「當作『莽䡴，直項皃』，或曰《淮南書》：有嚴志頡頏之行，頏即䡴字也。《頁部》曰：頡，直項。」

文二 重一

夲部

夲 tāo　　進趣也。从大，从十。大、十，猶兼十人也。凡夲之屬皆从夲。讀若滔。〔土刀切〕

𠦬 hū　　疾也。从夲，卉聲。捧从此。〔呼骨切〕

【注釋】

此「忽然」之本字也。拜重文作捧。《說文》：「忽，忘也。」本義是玩忽職守字，非本字明矣。

㚖 bào（暴）　　疾有所趣也。从日、出、夲、廾之。〔薄報切〕

【注釋】

今隸變作暴，此「暴風驟雨」之本字也。㬥，本曝曬字，隸變亦作暴。常用義是猛急，引申出突然義，今有「暴病」「暴發」；引申糟蹋、損害義，今有「自暴自棄」；又引申徒手搏擊，今有「暴虎馮河」。

段注：「此與㬥二篆形義皆殊，而今隸不別，此篆主謂疾，故為夲之屬；㬥主謂日晞，故為日之屬。」

䢃 yǔn　　進也。从夲，从屮，允聲。《易》曰：䢃升大吉。〔余準切〕

【注釋】

今《周易》作允。

段注：「《㫃部》旞下曰：『導車所載，全羽以為允。允，進也。』許意謂即䢃之省也。」

奏 zòu　　奏進也。从夲，从廾，从屮。屮，上進之義。〔則候切〕古文。亦古文。

【注釋】

本義是進。段注：「奏，此複舉字之未刪者。」《庖丁解牛》：「奏刀騞然。」引申為進獻，引申為呈現，今有「奏效」。

皋 gāo　　气皋白之進也。从夲，从白。《禮》：「祝曰皋，登歌曰奏。」故皋、奏皆从夲。《周禮》曰：「詔來鼓皋舞。」皋，告之也。〔古勞切〕

【注釋】

本義是霧氣皓白升騰。

常用義是沼澤，《廣雅》：「皋，池也。」《詩經》：「鶴鳴于九皋。」古代相馬名家叫九方皋。水邊的高地亦謂之皋，「江皋」者，江邊也。「皋比」，虎皮也。「皋門」，古代王宮最外層的門，《詩經．大雅．綿》：「迺立皋門，皋門有伉。」

段注：「皋有訓澤者，《小雅．鶴鳴》傳曰：皋，澤也。澤與皋析言則二，統言則一。澤藪之地，極望數百，沆瀁皛溔，皆白氣也，故曰皋。或叚皋為櫜，如伏注《左傳》皋比，即《樂記》之建櫜。或叚為高，如《明堂位》皋門，注云：皋之言高也。」

文六　重二

夰部

夰 gǎo　　放也。从大而八分也。凡夰之屬皆从夰。〔古老切〕

界 jù　　舉目驚界然也。从夰，从䀠，䀠亦聲。〔九遇切〕

【注釋】

今「瞿瞿」之本字也，瞿瞿，驚懼貌。《說文》：「瞿，鷹隼之視也。」非本字明矣。

段注：「《廣韻》引《埤蒼》：目驚界界然。《雜記》下曰：免喪之外，行於道路，見似目瞿，聞名心瞿。二瞿當作界。《詩．齊風》：狂夫瞿瞿。傳曰：無守之皃。《唐風》：良士瞿瞿。傳曰：瞿瞿然顧禮義也。亦當作界界。」

奡 ào　　嫚也。从百，从夰，夰亦聲。《虞書》曰：若丹朱奡。讀若傲。《論語》：奡湯舟。〔五到切〕

【注釋】

本義是傲慢。通「傲」，《尚書》：「無若丹朱奡。」引申為矯健有力，如「排奡」，多指文章有力。夏朝的大力士名夏奡。

段注：「嫚者，侮傷也。慠者，倨也。奡與傲音義皆同，引申為排奡，多力貌。」

界 hào（昊）　春為昊天，元气昊昊。从日、夰，夰亦聲。〔胡老切〕

【注釋】

隸定作界，隸變作昊。

《爾雅》：「春為蒼天，夏為昊天，秋為旻天，冬為上天。」與《說文》異。常用義是大，常用指天，如「昊天」，即大天也。「蒼昊」「昊蒼」皆謂蒼天也。

段注：「《黍離》毛傳曰：『蒼天，以體言之。元氣廣大則稱昊天，仁覆閔下則稱旻天，自上降鑒則稱上天，據遠視之蒼蒼然則稱蒼天。』」

臦 guǎng　驚走也。一曰：往來也。从夰、臦。《周書》曰：「伯臦。」古文臦，古文囧字。〔臣鉉等曰：臦，居況切。臦，猶乖也，臦亦聲。言古囧字，未詳。〕〔具往切〕

文五

亣部

亣 dà（大）　籒文大。改古文，亦象人形。凡亣之屬皆从亣。〔他達切〕

【注釋】

此籒文大，作偏旁在下常隸變作大。

段注：「謂古文作大，籒文乃改作亣也。本是一字，而凡字偏旁或从古，或从籒不一。許為字書乃不得不析為二部，猶人、儿本一字，必析為二部也。顧野王《玉篇》乃用隸法合二部為一部，遂使古、籒之分不可考矣。」

奕 yì　大也。从大，亦聲。《詩》曰：奕奕梁山。〔羊益切〕

【注釋】

本義是大，引申為光明貌。

「奕奕」謂大也，《廣雅》：「奕奕，盛也。」《詩經》：「奕奕梁山。」又明亮貌，《廣雅》：「奕奕，明也。」今有「神采奕奕。」又心神不定貌，《詩經》：「憂心奕奕。」又神氣十足貌，《廣雅》：「奕奕，容也。」

常用義累也、重也，常「奕世」「奕代」「奕葉」連用，表累世、世世代代也，左思《詠史》：「金張籍舊業，奕世累漢貂。」

奘 zàng　　駔大也。从大，从壯，壯亦聲。〔徂朗切〕

【注釋】

壯大也，多用於人名，如玄奘。

段注：「奘與壯音同，與駔義同。《釋言》曰：奘，駔也。此許所本也。孫、樊本作『將，且也』。」

臭 gǎo　　大白、澤也。从大，从白。古文以為澤字。〔古老切〕

【注釋】

段注：「古文以為澤字。此說古文假借也。假借多取諸同音，亦有不必同音者。如用臭為澤、用丂為虧、用屮為艸之類。又按澤當作皋，古澤、睪、皋三字相亂。」

段注所謂「亦有不必同音者」，實即今之訓讀或形借。

奚 xī　　大腹也。从大，𦃃省聲。𦃃，籀文系字。〔胡雞切〕

【注釋】

本義是女奴隸，又泛指奴隸。甲文作，羅振玉曰：「罪隸為奚之本義，从手執索以拘罪人。从女與从大同，《周官》有媄，猶奴之从女也。」

段注：「《豕部》豯下曰：豚生三月，腹豯豯皃。古奚、豯通用。」根據《說文》的本義，故从奚之字多有大義，也多有小義。見「溪」字注。

耎 ruǎn　　稍前大也。从大，而聲。讀若畏偄。〔而沇切〕

㚅 yàn　　大貌。从大，𥄎聲。或曰：拳勇字。一曰：讀若傿。〔乙獻切〕

奰 bì　　壯大也。从三大、三目。二目為𥄎，三目為𥆞，益大也。一曰：迫也。讀若《易》虙羲氏。《詩》曰：不醉而怒謂之奰。〔平秘切〕

【注釋】

段注：「張衡、左思賦皆用㬇眉字，而訛作贔屭，俗書之不正如此。屭字見《尸部》，臥息也。」

文八

夫部

夫 𠀒 fū　　丈夫也。从大，一以象簪也。周制以八寸為尺，十尺為丈，人長八尺，故曰丈夫。凡夫之屬皆从夫。〔甫無切〕

【注釋】

本義是成年男子。指事字，一代表簪子，有簪即是成年人也。見「尺」字注。

高鴻縉《中國字例》：「夫，成人也。童子披髮，成人束髮，故成人戴簪，字倚靠大（人），畫其首髮戴簪形，由丈人生意，故為成人意之夫。童子長五尺，成人長一丈（周尺），故曰丈夫，偉人曰大丈夫。許言漢八寸為周一尺也，人長周一丈則為漢八尺也。至妻人對曰夫，或曰丈夫，皆是借用。」

古代井田制，一夫受田百畝，故以百畝為夫，是土地面積單位，即長寬各一百步的方塊，也叫一田。《周禮·地官·小司徒》：「九夫為井。」鄭玄注：「《司馬法》曰：六尺為步，步百為畝，畝百為夫。」

段注：「从一大則為天，从大一則為夫，於此見人與天同也。天之一，冒大上，為會意。夫之一，毌大首，為象形，亦為會意。」

規 𧠓 guī　　有法度也。从夫，从見。〔居隨切〕

【注釋】

本義是法度、規矩。規指畫圓的工具，矩指畫方的工具。今有「沒有規矩，不成方圓」。後規代指圓，矩代指方。

引申有效法義，《進學解》：「上規姚姒，渾渾無涯。」又有糾正義，隋代劉炫著有《春秋規過》，糾正杜預注《左傳》之誤也。正反不嫌同辭也。有謀略、打算義，《桃花源記》：「欣然規往。」今有「規避」，即設法離開。又有告誡義，今有「箴規」「規勸」。

段注作「規巨，有法度也」，云：「各本無規巨二字，今補於此。說規矩二字之義，故《工部》巨下但云：規巨也。此許全書之通例也。圜出於規，方出於矩，古規矩二字不分用，猶威儀二字不分用也。

凡規巨、威儀有分用者皆互文見意，非圜不必矩，方不必規也。凡有所圖度、匡正皆曰規，《左傳》：規求無度。陶淵明文：欣然規往。《左傳》曰：大夫規誨。《詩序》曰：沔水，規宣王也。」

扶𬀟bàn　並行也。从二夫。輦字从此。讀若伴侶之伴。〔薄旱切〕

【注釋】

輦字從此。

文三

立部

立𡗓lì　住也。从大立一之上。凡立之屬皆从立。〔力入切〕〔臣鉉等曰：大，人也。一，地也。會意。〕

【注釋】

本義是站立。

立乃指事字也，徐鉉非。一代表地面，表示人站立的地方。甲骨文作𡗓，林義光《文源》：「人正立於地形。」常用有立刻、馬上義，《史記》：「立誅殺曹無傷。」

竦𥩟lì（莅、蒞）　臨也。从立，从隶。〔力至切〕

【注釋】

後作莅字。本義是從上往下看，引申出到義，今有「莅臨」「莅會」。引申出統治義，《老子》：「以道莅天下。」臨亦有此二義，同步引申也。

段注：「經典莅字或作涖，注家皆曰臨也。《道德經》釋文云：『古無莅字，《說文》作竦。』按莅行而竦廢矣，凡有正字而為叚借字所敚者類此。」

竨𥪄duǐ　磊竨，重聚也。从立，享聲。〔丁罪切〕

【注釋】

段注：「磊竨，疊韻字，今俗語猶有之。」猶累贅也，一語之轉也。

端𥪝duān　直也。从立，耑聲。〔多官切〕

【注釋】

本義是直。

今有「端直」。「端士」謂正直之士。常用有仔細、詳細義，今有「端詳」。有終究義，「端底」或作「端的」，謂經過、底細也，今有「不知端底」；又的確、果然也，今有「端的是好」；又究竟也，今有「端底是誰」。

竱 zhuǎn　　**等也。从立，專聲。《春秋國語》曰：竱本肇末。〔旨兗切〕**

【注釋】

「竱心」即專心，唐韓愈《鄆州溪堂詩》：「竱心一力，以供國家之職。」「竱力」即專力，集中精力也。見前「嫥」字注。

竦 sǒng　　**敬也。从立，从束。束，自申束也。〔息拱切〕**

【注釋】

本義是人伸長脖子，提起腳跟站著，如「竦而忘歸」，故有高聳、高起義。引申為肅敬，敬則懼，故又引申出恐懼義。畏、敬都有敬、懼二義，同步引申也。

段注：「《商頌》傳曰：竦，懼也。此謂叚竦為愯也。愯者，懼也。」

竫 jìng　　**亭安也。从立，爭聲。〔疾郢切〕**

【注釋】

亭，安也。此安靜之本字也。《說文》：「靜，審也。」本義是詳細、明晰，非本字明矣。

段注：「亭者，民所安定也，故安定曰亭安，其字俗作停，作渟。凡安靜字宜作竫，靜其假借字也。靜者，審也。」

靖 jìng　　**立竫也。从立，青聲。一曰：細貌。〔疾郢切〕**

【注釋】

立，住也。住，停也，停則靜。本義是安定。「靖康」，同義連文，皆安也。《射鵰英雄傳》郭靖、楊康名字皆源於此年號。今有「靖難」，謂平定叛亂也。明成祖有「靖難之役」，謂靖國難也。「綏靖政策」謂安撫使穩定也。日本有「靖國神社」。

段注：「謂立容安竫也。安而後能慮，故《釋詁》、毛傳皆曰：靖，謀也。《山海經・大荒東經》曰：東海之外，大荒之中，有小人國名靖。」

竢 sì　待也。从立，矣聲。〔床史切〕 或从巳。

【注釋】

經典常借俟為之，《說文》：「俟，大也。」本義是大，非本字明矣。段注：「經傳多假俟為之，俟行而竢廢矣。巳聲、矣聲同在一部。」

先秦等待義用「俟」和「待」，「等」「候」表等待是後起義。「等」在上古非等待義，是同等義。《史記・陳涉世家》：「等死，死國可乎。」謂同樣是死，非等待死也。

竘 qǔ　健也。一曰：匠也。从立，句聲。讀若齲。《逸周書》有竘匠。〔丘羽切〕

竵 wāi（歪）　不正也。从立，咼聲。〔火蛙切〕

【注釋】

今歪之古字也，俗字作歪。

竭 jié　負舉也。从立，曷聲。〔渠列切〕

【注釋】

負舉為背也，扛也。揭本義是用手舉，引申有背、扛義，王念孫《廣雅疏證》：「舉物謂之揭，負物也謂之揭。」

驗之《說文》，背、扛義的揭本字當為竭。揭者，高舉也，今有「揭竿而起」，同源詞也。引申為盡、全義，今有「竭盡全力」。「舉」有高舉義，有盡、全義，如「舉國之力」，同步引申也。

段注：「凡手不能舉者，負而舉之。《禮運》：五行之動，迭相竭也。注：竭猶負戴也。《豕部》曰：竭其尾。」

顉 xū　待也。从立，須聲。〔相俞切〕 或从芻聲。

【注釋】

此須待之本字也。《詩經》：「人涉卬否，卬須卬友。」

段注：「今字多作需、作須，而嬃廢矣。《雨部》曰：需，嬃也，遇雨不進止嬃也。需與嬃音義皆同，樊遲名須，須者，嬃之假借。」

𥏳luò　　**痿也。从立，臝聲。〔力臥切〕**

竣jùn　　**偓竣也。从立，夋聲。《國語》曰：有司已事而竣。〔七倫切〕**

【注釋】

常用義是完成，今有「竣工」「竣事」「大功告竣」。

𥩟fú　　**見鬼彪貌。从立，从彔。彔，籀文彪字。讀若虙羲氏之虙。〔房六切〕**

䇌què　　**驚貌。从立，昔聲。〔七雀切〕**

竨bà　　**短人立竨竨貌。从立，卑聲。〔傍下切〕**

【注釋】

卑聲者，聲兼義也。

竲céng　　**北地高樓無屋者。从立，曾聲。〔七耕切〕**

【注釋】

屋，房頂也。沒有頂蓋的樓臺。古同「橧」，「橧巢」，古人用柴薪架成的住處。

段注：「高樓上不為覆曰竲。《禮運》曰：夏則居曾巢。鄭曰：暑則聚薪柴居其上也。此竲之始也，《禮運》本又作竲。」

文十九　重二

竝部

竝bìng（並、并）　　**併也。从二立。凡竝之屬皆从竝。〔蒲迥切〕**

【注釋】

隸定字形作竝，隸變作並，後簡化作并。甲骨文作𠀤，林義光《文源》：「象二人並之形。」「並」有依傍義，音 bàng，通「傍」，《史記》：「並陰山而至遼東。」

竝 tì（替）　　廢，一偏下也。从竝，白聲。〔他計切〕 或从曰。 或从兟，从曰。〔臣鉉等曰：今俗作替，非是。〕

【注釋】

俗字作替。替常用義為廢棄，《懷沙》：「常度未替。」今有「陵替」，謂毀壞也。引申衰落也，「興替」謂興衰也。引申為停止、替換義。

段注：「相並而一邊庳下，則其勢必至同下，所謂陵夷也。凡陵夷必有漸而然。」

文二　重二

囟部

囟 xìn　　頭會，腦蓋也。象形。凡囟之屬皆从囟。〔息進切〕 或从肉、宰。 古文囟字。

【注釋】

頭骨會和處，大腦的蓋，即囟門也。作構件時，隸變常作「田」，如細、思皆從「囟」聲。

段注「《內則》注曰：夾囟曰角。《九經字樣》曰：《說文》作囟，隸變作囟，巤、腦等字从之，細、思等字亦从之。考夢英書偏旁石刻作囟，宋刻書本皆作囟，今人楷字訛囟，又改篆體作囟。」

段注揭示了《說文》小篆有後人據隸書結構回改篆體的現象，無怪乎小篆與隸書結構如此契合。

巤 liè　　毛巤也。象髮在囟上，及毛髮巤巤之形。此與籀文子字同。〔良涉切〕

【注釋】

此鬣之初文也。本義是毛髮。

𦙶 pí（毗）　　人臍也。从囟，囟，取气通也。从比聲。〔房脂切〕

【注釋】

隸變作毗。本義罕見，常用二義：一為連接，如「毗鄰」「毗連」；二為輔助，《詩經》：「天子是毗。」

段注：「《急就篇》作膍，妣字叚借之用，如《詩・節南山》《采菽》毛傳皆曰：膍，厚也。箋云：妣，輔也。《方言》：妣，灋也；妣，廢也；妣，明也。皆是。」

文三 重二

思部

思 sī　　容也。从心，囟聲。凡思之屬皆从思。〔息茲切〕

【注釋】

今文《尚書・洪範》：「思心曰容。」言心之所慮，無不包也。

本義是思考。思，念也，懷也，「思春」猶懷春也。有悲哀義，「思秋」猶悲秋也。引申心情、思緒義，如「海天愁思正茫茫」。常作為語氣詞，《詩經》中常見。今死人靈棚上常寫「永言孝思」，思乃語氣詞也。

慮 lǜ（虑）　　謀思也。从思，虍聲。〔良據切〕

【注釋】

本義是思考，引申名詞心思義，今有「心煩慮亂」。思也有以上二義，同步引申也。引申出擔憂義，今有「憂慮」，如「莫慮杞天崩」。

段注：「《言部》曰：慮難曰謀。與此為轉注。《口部》曰：圖者，畫也，計難也。然則謀、慮、圖三篆義同，《左傳》曰：慮無他，《書》曰：無慮，皆謂計劃之纖悉必周，有不周者非慮也。」

文二

心部

心 xīn　　人心，土藏，在身之中。象形。博士說，以為火藏。凡心之屬皆从心。〔息林切〕

【注釋】

在人身中，故引申為中心、中央義。

息 xī　　喘也。从心，从自，自亦聲。〔相即切〕

【注釋】

本義是呼吸。

有相反二義，吸氣則氣體增多，故引申出增加義，今有「利息」「鼻息肉」，大禹治水時有「息壤」，可以自己生長之土也。子女叫「子息」，女兒叫「弱息」，亦取增加義。呼氣則體內氣體減少，故息有減少義，今有停息，加火作熄。

段注：「人之氣急曰喘，舒曰息，引申為休息之稱，又引申為生長之稱，引申之義行而鼻息之義廢矣。」

情 qíng　　人之陰气有欲者。从心，青聲。〔疾盈切〕

【注釋】

本義是性情，人的欲望類的性情屬於陰氣。段注：「情者，人之欲也。人慾之謂情，性生於陽以理執，情生於陰以繫念。」

引申有實情、誠懇義，常「情偽」連用，《曹劌論戰》：「小大之獄，雖不能察，必以情。」《左傳》：「民之情偽盡知之矣。」《韓非子》：「力極者厚賞，情盡者名立。」

性 xìng　　人之陽气性善者也。从心，生聲。〔息正切〕

【注釋】

本義是性情，人的本性善良的性情屬於陽氣。引申出生命義，今有「性命」，性即命也，《左傳》：「莫保其性。」

志 zhì　　意也。从心，之聲。〔職吏切〕

【注釋】

本義是意志。從之聲，隸變作士，寺同此。引申出記住義，今有「博聞強志」。引申出記述義，今有「志怪小說」。《說文》原無志字，大徐補入，作為補入十九文之一者。

段注：「今人分志向一字，識記一字，知識一字，古只有一字一音。又旗幟亦即用識字，則亦可用志字。《詩序》曰：『詩者，志之所之也。在心為志，發言為詩。』志之所之，不能無言，故識从言。《哀公問》注云『志，讀為識』者，漢時志、識已殊字也。許《心部》無志者，蓋以其即古文識，而『識』下失載也。」

意 yì　志也。从心，察言而知意也。从心，从音。〔於記切〕

【注釋】

本義是意志。引申出意料義，今有「意外」「出其不意」。「意者」謂想來大概是這樣，如「意者詩窮而後工」。引申出懷疑義，《列子》：「人有亡鈇者，意其鄰之子。」

段注：「志即識，心所識也。意之訓為測度、為記。訓測者，如《論語》：毋意、毋必；不逆詐，不億不信；億則屢中。其字俗作億。訓記者，如今人云記憶是也，其字俗作憶。」

恉 zhǐ　意也。从心，旨聲。〔職雉切〕

【注釋】

本義是旨意。當是旨意的後起本字。《說文》：「旨，美也。」本義是味美，泛指美。「令」有善義，也有指令義，同步引申也。段注：「今字或作旨，或作指，皆非本字也。」

悳 dé　外得於人，內得於己也。从直，从心。〔多則切〕 古文。

【注釋】

此道德之本字也。《說文》：「德，升也。」非本字明矣。

段注：「內得於己，謂身心所自得也；外得於人，謂惠澤使人得之也。俗字假德為之，德者，升也。古字或叚得為之。」見前「德」字注。

應 yìng（应）　當也。从心，雁聲。〔於陵切〕

【注釋】

簡化字作应，乃草書楷化字形。本義是應當，引申出適合、配合義，今有「應時」「得心應手」。雁，同鷹字。

段注：「引申為凡相對之稱，凡言語應對之字即使用此。」

慎 shèn　謹也。从心，真聲。〔時刃切〕 古文。

【注釋】

本義是誠懇。謹慎是引申義。引申出告誡義，相當於「千萬」，常用於否定，杜甫《潼關吏》:「請囑防關將，慎勿學哥舒。」

段注:「未有不誠而能謹者，故其字从真。《小雅》: 慎爾優游、予慎無罪。傳皆曰：誠也。」

「真」字段注:「慎字今訓謹，古則訓誠。敬者慎之弟二義，誠者慎之弟一義。故若《詩》傳、箋所說諸慎字，謂即真之假借字可也。」

忠 zhōng　　**敬也。从心，中聲。〔陟弓切〕**

【注釋】

敬者，肅也，指嚴肅認真。忠的本義是對人盡心竭力，「盡心曰忠」，跟今之忠誠、不改變有別。

愨 què　　**謹也。从心，㱿聲。〔苦角切〕**

【注釋】

今簡化作悫，本義是誠懇。常「忠愨」連用，王國維死後被溥儀賜謚號「忠愨」，被稱為「王忠愨公」，今有《海寧王忠愨公遺書》。

段注:「據《韻會》《大司寇》注：願，愨慎也。用叚借字，愨者，㱿之俗字也。」

𢡟 miǎo　　**美也。从心，貌聲。〔莫角切〕**

快 kuài　　**喜也。从心，夬聲。〔苦夬切〕**

【注釋】

本義是高興，王羲之有《快雪時晴帖》。「快」在上古只作愉快講，快慢、鋒利義是後起的。

愷 kǎi　　**樂也。从心，豈聲。〔臣鉉等曰:《豈部》已有，此重出。〕〔苦亥切〕**

【注釋】

《爾雅》:「愷，樂也。」「愷悌」，平易近人也，也作「豈弟」「凱悌」。

段注:「《蓼蕭》傳曰：豈，樂也。豈同愷。按《豈部》有此篆，解曰：康也，疑此重出，乃後人增竄。」

悘 qiè（愜）　快心。从心，匧聲。〔苦叶切〕

【注釋】

今作愜字。本義是暢快、滿足，「愜當」謂恰當也。

念 niàn　常思也。从心，今聲。〔奴店切〕

【注釋】

本義是思念。今讀書、念書的意思是後起義。

怤 fū　思也。从心，付聲。〔甫無切〕

憲 xiàn（宪）　敏也。从心，从目，害省聲。〔許建切〕

【注釋】

宪乃另造之俗字。

孔子的弟子原憲，字子思。常用義是法令，非今之憲法也，《爾雅》：「憲，法也。」如「憲章」。引申出效法、摹仿義，如「憲天法地」。又有公布義，該義本字作「懸」，懸有公布義，《周禮》：「憲禁於王宮。」

段注：「敏者，疾也。《謚法》：博聞多能為憲。引申之義為法也。又《中庸》引《詩》：憲憲令德，以憲憲為顯顯。又《大雅》：天之方難，無然憲憲。傳曰：憲憲猶欣欣也。皆叚借也。」

憕 chéng　平也。从心，登聲。〔直陵切〕

【注釋】

《爾雅》：「功、績、質、登、平、明、考、就，成也。」本字當作憕，本義是平。天亮謂之「平明」，也謂之「登明」，也謂之「質明」，皆取定之義。成，定也。

戁 nǎn　敬也。从心，難聲。〔女版切〕

【注釋】

本義是敬，常用義是畏懼。畏、敬、竦都有此二義，同步引申也。

段注：「《商頌》：不戁不竦。傳曰：戁，恐。竦，懼也。敬則必恐懼，故傳說其引申之義。若《小雅》：我恐熯矣。傳曰：熯，敬也。此謂《詩》叚熯為戁。」

忻 xīn　　闓也。从心，斤聲。《司馬法》曰：善者，忻民之善，閉民之惡。〔許斤切〕

【注釋】

闓者，高興也。今有「忻然」，同「欣然」。

段注：「闓者，開也。言闓不言開者，闓與忻音近，如昕讀若希之類也。忻謂心之開發，與《欠部》欣謂『笑喜也』異義。《廣韻》合為一字，今義非古義也。今《司馬法》佚此語，謂開其善心，閉其惡心。」

憧 zhòng　　遲也。从心，重聲。〔直隴切〕

【注釋】

段注：「遲重之字本作此，今皆假重字為之。」

惲 yùn　　重厚也。从心，軍聲。〔於粉切〕

【注釋】

本義是厚重，今作姓氏字，近人有惲代英。段注：「惲厚字當如此，今皆作渾厚，非是。渾者，混流聲也，今俗云水渾。」

惇 dūn　　厚也。从心，享聲。〔都昆切〕

【注釋】

此敦厚之本字也。段注：「凡惇厚字當作此，今多作敦厚，假借，非本字。敦者，怒也，詆也。一曰：誰何也。」非本字明矣。

忼 kāng / kàng（慷）　　慨也。从心，亢聲。一曰：《易》：忼龍有悔。〔苦浪切〕，又〔口朗切〕〔臣鉉等曰：今俗別作慷，非是。〕

【注釋】

連篆為讀。俗字作慷。

慷慨謂情緒激昂貌，今有「慷慨激昂」；又感慨、歎息也，《西北有高樓》：「一唱再三歎，慷慨有餘哀。」慷、慨皆有大義，故「慷慨」又有胸懷大志義，《抱樸子》：「賈誼慷慨懷經國之術。」古者「慷慨」沒有不吝嗇義。

從亢之字多有高義，見前「伉」字注。今《周易》作「亢龍有悔」，亢者，高也。悔者，災難也，非後悔也。所謂物極必反，高處不勝寒也。丐幫降龍十八掌第一掌即「亢龍有悔」。

段注：「忼之本義為忼慨，而《周易．乾》上九：忼龍，則叚忼為亢。亢之引申之義為高，子夏傳曰：亢，極也。《廣雅》曰：亢，高也。是今《易》作亢為正字，許所據《孟氏易》作忼，叚借字也。凡許引經說叚借，淺人以忼龍與忼慨義殊，乃妄改為一曰矣。」

慨 kǎi　忼慨，壯士不得志也。从心，既聲。〔古溉切〕

【注釋】

本義即感慨也，如「慨歎」。

今有氣憤義，如「憤慨」，乃「愾」之假借。又有不吝嗇義，如「慨允」「慨然相贈」。「慨然」另有二義，感慨也，又情緒激昂貌，《宋史》：「慨然有矯世變俗之志。」段注：「忼慨雙聲也，他書亦叚愾為之，作忼愾。」

悃 kǔn　愊也。从心，困聲。〔苦本切〕

【注釋】

常用義是忠誠，常「悃誠」「忠悃」連用。

愊 bì　誠志也。从心，畐聲。〔芳逼切〕

【注釋】

常用義是忠誠。

愿 yuàn　謹也。从心，原聲。〔魚怨切〕

【注釋】

本義是謹慎，常用義是老實，《尚書》：「愿而恭。」《論語》：「子曰：鄉愿，德之賊也。」「鄉愿」即老好人，好好先生也。愿意字古多寫作願字，後簡化歸併為一。見前「願」字注。

慧䰩 huì　　**儇也。从心，彗聲。〔胡桂切〕**

【注釋】

儇，智慧也。段注：「慧，古多叚惠為之。」

憭憭 liǎo　　**慧也。从心，尞聲。〔力小切〕**

【注釋】

了、瞭有聰明、明白義，今有「明了（瞭）」「小時了了，大未必佳」，本字當作憭。

段注：「了者，慧也。蓋今字假了為憭，故郭注《方言》已云：慧了，他書皆云：了了。若論字之本義，則了為尥也，尥者，行脛相交也。」見前「尥」字注。

恔恔 jiǎo / xiáo　　**憭也。从心，交聲。〔下交切〕，又〔古了切〕**

【注釋】

暢快也，又聰明、狡黠。

瘱瘱 yì　　**靜也。从心，疾聲。〔於計切〕〔臣鉉等曰：疾，非聲，未詳。〕**

【注釋】

文靜、安靜。《爾雅》：「瘱，靜也。」

悊悊 zhé　　**敬也。从心，折聲。〔陟列切〕**

【注釋】

哲的重文。

段注：「《口部》哲下曰：知也。悊與哲義殊，《口部》云：哲，或从心作悊。蓋淺人妄增之，因古書聖哲字或从心而合之也。」

悰悰 cóng　　**樂也。从心，宗聲。〔藏宗切〕**

【注釋】

本義是高興，如「無悰託詩譴」。又有心情、思緒義，如「離悰病思兩依依」。

恬 tián　　安也。从心，甜省聲。〔徒兼切〕

【注釋】

恬靜者，安靜也。引申出滿不在乎、坦然義，今有「恬不知恥」「恬不為怪」。

恢 huī　　大也。从心，灰聲。〔苦回切〕

【注釋】

今有恢弘，大也。「天網恢恢，疏而不漏」，「恢恢」者，宏大貌，又如「恢恢有餘」。

恭 gōng　　肅也。从心，共聲。〔俱容切〕

【注釋】

古恭、敬有別。恭者，對人彬彬有禮也。敬者，幹事嚴肅認真也。以肅訓恭，混言不別也。蘭陵王高長恭，字肅，名字相應也。

段注：「《尚書》曰：恭作肅。此以肅釋恭者，析言則分別，渾言則互明也。《論語》每恭、敬析言，如：居處恭、執事敬；貌思恭、事思敬，皆是。」

憼 jǐng　　敬也。从心，从敬，敬亦聲。〔居影切〕

【注釋】

警戒也。

恕 shù　　仁也。从心，如聲。〔商署切〕 古文省。

【注釋】

以己量人謂之恕。

《論語·衛靈公》：「子貢問曰：有一言而可以終身行之者乎？子曰：其恕乎！己所不欲，勿施於人。」「恕心」謂仁愛之心，「恕道」謂寬仁之道。寬恕義乃仁恕義之引申。

怡 yí　　和也。从心，台聲。〔與之切〕

【注釋】

本義是高興，今有「心曠神怡」「怡然自樂」。段注：「古多叚台字，《禹貢》：祇台德先。鄭注云：敬和。」

慈 cí　　**愛也。从心，茲聲。〔疾之切〕**

【注釋】

本義是愛，代指母親，如「家慈」。「慈訓」謂母親的教誨。

忯 qí　　**愛也。从心，氏聲。〔巨支切〕**

【注釋】

段注：「《釋訓》曰：忯忯，愛也。忯忯字不見於《詩》《書》。」

㥴 yǐ　　**忯㥴，不憂事也。从心，虒聲。讀若移。〔移爾切〕**

恮 quān　　**謹也。从心，全聲。〔此緣切〕**

恩 ēn　　**惠也。从心，因聲。〔烏痕切〕**

【注釋】

本義是恩惠。引申出愛義，今有「恩愛」，恩即愛也。惠亦有此二義，《爾雅》：「惠，愛也。」同步引申也。

懘 dì　　**高也。一曰：極也。一曰：困劣也。从心，帶聲。〔特計切〕**

憖 yìn　　**問也，謹敬也。从心，猌聲。一曰：說也。一曰：甘也。《春秋傳》曰：昊天不憖。又曰：兩君之士皆未憖。〔魚覲切〕**

【注釋】

常用義是願意、甘願，《小爾雅》：「憖，願也。」今有「憖願」。憖又有損傷義，《左傳》：「兩君之士皆未憖。」「憖憖」者，謹慎小心貌，《黔之驢》：「憖憖然莫相知。」

懬 kuàng　　**闊也。一曰：廣也，大也。一曰：寬也。从心，从廣，廣亦聲。〔哭謗切〕**

【注釋】

《詩經・泮水》:「憬彼淮夷。」一本作「懬」,即大也。

悈 jiè　　飾也。从心,戒聲。《司馬法》曰:有虞氏悈於中國。〔古拜切〕

【注釋】

此戒之後起俗字也。常用褊急、急速義。

㥯 yǐn　　謹也。从心,𤔌聲。〔於靳切〕

慶 qìng(庆)　　行賀人也。从心,从夊。古禮以鹿為贄,故从鹿省。〔丘竟切〕

【注釋】

常用義善也,如「一人有慶,兆民賴之」。福也,如「積善之家必有餘慶」,唐有詩人朱慶餘,今有「吉慶有餘」。又有獎賞義,今有「慶賞」。

愃 xuǎn　　寬嫺心腹貌。从心,宣聲。《詩》曰:赫兮愃兮。〔況晚切〕

【注釋】

宣有普遍義,從宣聲,聲兼義。今《詩經・淇奧》,韓詩作「宣」,宣有心情舒暢義,如「我心宣兮」,愃實乃宣之分化俗字。

愻 xùn　　順也。从心,孫聲。《唐書》曰:五品不愻。〔蘇困切〕

【注釋】

此謙遜之本字也。《說文》:「遜,遁也。」本義是逃跑,非本字明矣。

段注:「訓順之字作愻,古書用字如此,凡愻順字从心,凡遜循字从辵,今人遜專行而愻廢矣。」

𡫳 sè　　實也。从心,塞省聲。《虞書》曰:剛而𡫳。〔先則切〕

【注釋】

今充塞之本字也。《說文》:「塞,隔也。」非本字明矣。

段注：「《邶風》《鄘風》傳曰：塞，瘞也。塞，充實也。皆謂塞為㥶之假借字也。」《說文》：「𡫳，窒也。」段注：「凡填塞字皆當作𡫳，自塞行而𡫳、㥶皆廢矣。」

恂 xún　　信心也。从心，旬聲。〔相倫切〕

【注釋】

本義是相信、信任，引申為確實義。《詩經》常作洵，確實也。「恂恂」，謹慎小心貌，恭敬貌。「恂恂」又有恐懼義，柳宗元《捕蛇者說》：「吾恂恂而起。」

段注：「毛詩假洵字為之，如洵美且都、洵吁且樂，鄭箋皆云：洵，信也。《釋詁》曰：詢，信也。皆假詢為恂也。」

忱 chén　　誠也。从心，冘聲。《詩》曰：天命匪忱。〔氏任切〕

【注釋】

本義是誠信，引申為真誠的心意，今有「熱忱」。動詞有信任義，《詩經》：「天難忱斯。」

段注：「《言部》諶下曰：誠，諦也。引《詩》：天難諶斯。古忱與諶義近通用。」

惟 wéi　　凡思也。从心，隹聲。〔以追切〕

【注釋】

本義是思考。

「思惟」保留本義，臣子上奏摺，云「伏惟」者，謂趴在地上想也。作虛詞常表輕微轉折，如「雨雖止，惟路途仍甚泥濘」，「無他，惟手熟爾」。

段注：「按經傳多用為發語之詞，《毛詩》皆作維，《論語》皆作唯，《古文尚書》皆作惟，《今文尚書》皆作維。」

懷 huái　　念思也。从心，褱聲。〔戶乖切〕

【注釋】

本義是思念，「懷春」，又叫思春。常用有心意、心情義，今有「正中下懷」。抱亦有心情義，如「離別傷抱」。

又歸向也，《爾雅》：「懷，來也。」《尚書》：「有道者，黎民懷之。」「懷柔」政策，謂籠絡人心，使歸向也。《爾雅》：「柔，安也。」即安撫也。懷亦安撫義，如「懷敵附遠」，同義連文也。

惀 lún　　**欲知之貌。从心，侖聲。〔盧昆切〕**

【注釋】

今南方方言想一想叫作「在肚裏侖一侖」，本字即惀也。

想 xiǎng　　**冀思也。从心，相聲。〔息兩切〕**

㒸 suì　　**深也。从心，㒸聲。〔徐醉切〕**

【注釋】

從㒸者，聲兼義也。遂者，通也，完也。

段注：「㒸與邃音義皆同。从穴者，為室之深。从心者，為意思之深。」

慉 xù　　**起也。从心，畜聲。《詩》曰：能不我慉。〔許六切〕**

【注釋】

起，扶持也。

段注：「能不我慉，許所據如此，與『能不我知』『能不我甲』句法同也。能讀為而。」

意 yì　　**滿也** [1]**。从心，啻聲。一曰：十萬曰意** [2]**。〔於力切〕** **籀文省。**

【注釋】

[1] 段注：「《方言》曰：臆，滿也。《廣雅》曰：臆，滿也。《漢蔣君碑》：余悲馮億。皆意之假借字也。」

[2] 意乃今億萬之本字也。《說文》：「億，安也。从人，意聲。」非本字明矣。
段注：「讀經傳皆作億，無作意者，假借字也。《詩·楚茨》傳：萬萬曰億。《豐年》傳：數萬至萬曰億。鄭箋云：十萬曰億。以萬萬為億，今數也。後鄭十萬為億，古數也。」

悹 guàn　　**憂也。从心，官聲。〔古玩切〕**

【注釋】

又作悺，憂也。

段注：「《廣韻・廿四緩》引《詩》傳：悹悹無所依，今《大雅・板》傳作管管。又《篇》《韻》皆云：悹悹，憂無告也，今《詩・板》《釋訓》皆作灌灌。」

憀 liáo　　憀然也。从心，翏聲。〔洛蕭切〕

【注釋】

憀然者，明白也。此「了然」「瞭然」之本字也。《說文》無瞭字，憀實瞭字，或謂「憭」之同部重文也，見「憭」字注。

常用義是依賴、依託，《淮南子》：「上下不相寧，吏民不相憀。」又指悲恨的情緒，如「情憀」。「憀亮」即明亮，高而大謂之憀亮，用的正是本字，今作嘹亮，後起字也。

段注謂此乃「無聊」之本字也，聊者，依賴也。段注：「《類篇》曰：賴也，且也。聊者，憀之假借字。《方言》：俚，聊也。《漢書》：其畫無俚之至耳。《戰國策》：民無所聊。泛聊賴可作憀賴。」見前「賴」字注。

愙 kè（恪）　　敬也。从心，客聲。《春秋傳》曰：以陳備三愙。〔臣鉉等曰：今俗作恪。〕〔苦各切〕

【注釋】

後作恪，恪者，敬也，今有「恪守」，謂敬守也。近人有陳寅恪者，《爾雅》：「寅、恪，敬也。」

㦝 sǒng（悚）　　懼也。从心，雙省聲。《春秋傳》曰：駟氏㦝。〔息拱切〕

【注釋】

今作悚字，《說文》無悚字，今有「毛骨悚然」。

懼 jù（惧）　　恐也。从心，瞿聲。〔其遇切〕 古文。

【注釋】

惧乃另造之俗字。本義是害怕，引申出擔心義，《史記》：「公卿皆為黯懼。」

懼、恐、怕皆有此二義，同步引申也。

畏一般帶賓語，恐、懼一般不帶賓語。懼帶賓語時，多為使動用法，《老子》：「民不畏死，奈何以死懼之。」

怙 hù　　恃也。从心，古聲。〔侯古切〕

【注釋】

今有「怙惡不悛」，堅持作惡，不肯悔改也。怙者，憑恃也。《詩經》：「無父何怙，無母何恃。」後「怙恃」成了父母的代稱。

恃 shì　　賴也。从心，寺聲。〔時止切〕

慒 cóng　　慮也。从心，曹聲。〔藏宗切〕

【注釋】

本義是憂慮。《爾雅》：「慒，慮也。」

悟 wù　　覺也。从心，吾聲。〔五故切〕 古文悟。

【注釋】

本義是明白，引申有聰明義，今有「聰悟」「穎悟」。從吾之字、之音多有明白義，見前「晤」字注。古書多用「寤」為之。

憮 wú　　愛也，韓鄭曰憮。一曰：不動。从心，無聲。〔文甫切〕

【注釋】

本義是愛憐。《爾雅》：「憮、憐、惠，愛也。」「一曰：不動」者，今失意貌也，如「憮然」。

段注：「《方言》：亟、憐、憮、俺，愛也。宋衛邠陶之間曰憮，或曰俺。又曰：韓鄭曰憮。《釋詁》曰：憮，撫也。《三蒼》曰：憮然，失意皃也。趙岐曰：憮然，猶悵然也。皆於此義近。」

悉 ài　　惠也。从心，旡聲。〔烏代切〕 古文。

【注釋】

今愛之本字也。《說文》:「愛，行貌。」非本字明矣。愛常用義為憐憫、同情，《左傳》:「愛其二毛。」引申為吝嗇，《老子》:「甚愛必大費。」

段注:「愛為行貌，乃自愛行而炁廢，轉寫許書者遂盡改炁為愛。」

惰 xū　知也。从心，胥聲。〔私呂切〕

【注釋】

同「諝」，才智也。又有計謀、謀略義。

慰 wèi　安也。从心，尉聲。一曰：恚怒也。〔於胃切〕

【注釋】

安慰，同義連文。「我心甚慰」者，甚安也。

段注:「一曰：恚怒也。別一義。恚，恨也。《小雅》：以慰我心。毛曰：慰，怨也。《韓詩》作以慍我心。慍，恚也。」

𢡱 cuì　謹也。从心，㲋聲。讀若毳。〔此芮切〕

懤 chóu　懤箸也。从心，𠷎聲。〔直由切〕

【注釋】

懤箸，即躊躇也，《說文》無躊躇字。

怞 chóu　朗也。从心，由聲。《詩》曰：憂心且怞。〔直又切〕

【注釋】

怞怞，憂愁貌。

段注:「朗也，未聞，疑是悢字之誤。《檜》傳云：悼，動也。《鼓鐘》傳云：妯，動也。《菀柳》傳云：蹈，動也。三字音義略同。今《毛詩》作妯，毛云：動也。鄭云：悼也。」可從。

煤 wǔ　煤撫也。从心，某聲。讀若侮。〔亡甫切〕

忞 mín　　彊也。从心，文聲。《周書》曰：在受德忞。讀若旻。〔武巾切〕

【注釋】

段注：「《大雅》：亹亹文王。毛傳曰：亹亹，勉也。亹即釁之俗，釁从分聲，釁釁即忞之假借也。」

慔 mù　　勉也。从心，莫聲。〔莫故切〕

【注釋】

《爾雅》：「懋懋、慔慔，勉也。」段注：「按《爾雅音義》云：亦作慕。今《說文》慔、慕分列，或恐出後人改竄。」

愐 miǎn　　勉也。从心，面聲。〔彌殄切〕

【注釋】

愐有常用二義，勉勵也；思念也。

段注：「《釋詁》曰：蠠沒，勔勉也。《爾雅》釋文云：勔本作僶，又作黽。是則《說文》之愐為正字，而作勔、作蠠、作蜜、作密、作黽、作僶皆其別字也。今則不知有愐字，而愐字廢矣。」

愧 yì　　習也。从心，曳聲。〔余制切〕

懋 mào　　勉也。从心，楙聲。《虞書》：惟時懋哉。〔莫侯切〕或省。

【注釋】

本義是勉勵。

段注：「古多假茂字為之。」常用義是盛大，「懋勳」者，大功業。《隋唐英雄》有徐懋功（或作徐茂公）。大則美，引申出美好義，《後漢書》：「嗚呼懋哉。」茂亦有此大、美二義，同步引申也。

慕 mù　　習也。从心，莫聲。〔莫故切〕

【注釋】

習者，親近也。即今仰慕，羨慕義，如「慕名而來」。心在下作偏旁時，往往變作⺗，如忝、恭等。引申出想念義，《孟子》:「人少，則慕父母。」「思慕」，思念也。

悛 quān　止也。从心，夋聲。〔此緣切〕

【注釋】

「怙惡不悛」者，不停止也。段注:「《方言》: 悛，改也。自山而東或曰悛，或曰懌。」

㥆 tuì　肆也。从心，隶聲。〔他骨切〕

懙 yǔ　趣步懙懙也。从心，與聲。〔余呂切〕

【注釋】

此《論語》「與與如也」之本字也，與與，舒緩貌。從與之字多有舒緩義，䢣（馬行徐而疾）、懙（行步安舒也）、歟（安氣也）。

段注:「《論語》: 與與如也。馬注曰：與與，威儀中適之皃。與與即懙懙之叚借。《欠部》曰：歟，安氣也。」

慆 tāo　說也。从心，舀聲。〔土刀切〕

【注釋】

「樂陶陶」之本字也。陶本地名，非本字明矣。或謂「傜」為本字，見前「傜」字注。

本義是喜悅、快樂，常用有怠慢義，《尚書》:「無即慆淫。」又藏也，如「以樂慆憂」。又逝去也，《詩經》:「今我不樂，日月其慆。」「慆慆」，久也，《詩經》:「我徂東山，慆慆不歸。」

段注:「《尚書》大傳：師乃慆。注曰：慆，喜也。可證許說。《悉蟀》傳曰：慆，過也。《東山》傳曰：慆慆，言久也。皆引申之義也，古與滔互叚借。」

懕 yān　安也。从心，厭聲。《詩》曰：懕懕夜飲。〔於鹽切〕

【注釋】

段注：「《小戎》傳曰：厭厭，安靜也。《湛露》傳曰：厭厭，安也。厭乃懕之假借。」

憺 dàn　安也。从心，詹聲。〔徒敢切〕

【注釋】

見下「怕」字注。段注：「按《人部》曰：倓，安也。音義皆同。」

怕 bó / pà　無為也。从心，白聲。〔匹白切〕，又〔葩亞切〕

【注釋】

憺怕，今「澹泊」之本字也。害怕字乃「迫」之轉語。

段注：「《子虛賦》曰：怕乎無為。憺怕，俗用澹泊為之，假借也。澹作淡，尤俗。今人所云怕懼者，乃迫之語轉。」

恤 xù　憂也，收也。从心，血聲。〔辛聿切〕

【注釋】

本義是憂慮，如「大丈夫何恤乎無家」。引申為憐憫，今有「體恤」。又引申為賑濟義，今有「開倉振恤」「撫恤」。

段注：「按《卩部》曰：卹，憂也。《比部》引《周書》：無毖於卹，今《尚書》作恤。恤與卹音義皆同，又疑古只有卹，恤其或體。收也，當依《玉篇》作救也。」

忓 gān　極也。从心，干聲。〔古寒切〕

【注釋】

觸犯、干擾也。段注：「干者，犯也。忓者，以下犯上之意。」

懽 guàn（歡）　喜款也。从心，雚聲。《爾雅》曰：懽懽、愮愮，憂無告也。〔古玩切〕

【注釋】

款，歡喜也。懽，歡之異體，後簡化作欢。

段注：「《欠部》曰：歡者，喜樂也。懽與歡音義皆略同。《廣韻》曰：懽同歡。懽懽即《大雅》之老夫灌灌，傳曰：灌灌，猶款款也。」

惆 yú　　歡也。琅琊朱虛有惆亭。从心，禺聲。〔噳俱切〕

【注釋】

段注：「此與愚各字，猶慕與慔各字也。」

惄 nì　　飢餓也。一曰：憂也。从心，叔聲。《詩》曰：惄如朝飢。〔奴歷切〕

【注釋】

本義是飢餓。常用義是憂傷，《詩經》：「我心憂傷，惄焉如擣。」《爾雅》：「惄，思也。」

㤕 què　　勞也。从心，卻聲。〔其虐切〕

【注釋】

《戰國策·觸龍說趙太后》：「而恐太后玉體之有所郄也。」鮑彪注：「郄，郤同。」教材多釋「郤」通「隙」。王念孫《讀書雜志》：「郤，字本作㤕，謂疲羸也。……㤕、㕁、谻、郤，並字異而義同。」可取。今人侈談假借、引申，訓釋牽強附會者，多昧於古音、古義故也。

憸 xiān　　憸詖也。憸利於上，佞人也。从心，僉聲。〔息廉切〕

愒 qì（憩）　　息也。从心，曷聲。〔臣鉉等曰：今別作憩，非是。〕〔去例切〕

【注釋】

後作憩，《說文》無憩字。

段注：「《釋詁》及《甘棠》傳皆曰：憩，息也。憩者，愒之俗體。《民勞》傳又曰：愒，息也。非有二字也。又《釋言》曰：愒，貪也。此愒字乃濷之叚借，如《左傳》：玩歲而愒日，許引作『忨歲而濷日』。」

𢡟 cuǎn　精戇也。从心，毳聲。〔千短切〕

㤿 xiān　疾利口也。从心，从冊。《詩》曰：相時㤿民。〔徐鍇曰：冊言眾也。〕〔息廉切〕

【注釋】

同「憸」，姦邪也。

急 jí　褊也。从心，及聲。〔居立切〕

【注釋】

褊，心胸狹窄，急躁，今有「褊急」。急著幹某事謂之急，如「急難」「急公好義」，皆謂急著幫助人。又引申出空間的窄，即緊、緊縮，如「縛虎不得不急」，謂不得不緊也。

段注：「褊者，衣小也。故凡窄陿謂之褊，《釋言》曰：褊，急也。」

𢤱 biǎn　憂也。从心，辡聲。一曰：急也。〔方沔切〕

【注釋】

卞急之本字也。卞有急躁義，今有「卞急」。或作弁，段注：「《左傳》：邾莊公弁急而好絜。弁蓋𢤱之假借字。」

極 jí　疾也。从心，亟聲。一曰：謹重皃。〔己力切〕

【注釋】

急也。

懁 juàn　急也。从心，睘聲。讀若絹。〔古縣切〕

【注釋】

睘兼義，有急速義。「還」有急速義，《扁鵲見蔡桓公》：「扁鵲見桓公而還走。」趧（疾也）、獧（疾跳也。一曰：急也）、嬛（材緊也）。

段注：「獧下曰：一曰：急也。此與義音同。《論語》狷，《孟子》作獧，其實當作懁。《齊風》：子之還兮。傳曰：還，便捷之皃。《走部》曰：趧，疾也。其義皆近。」

悻 xìng（悻）　　恨也。从心，巠聲。〔胡頂切〕

【注釋】

怨恨、惱怒也，後作悻字，今有「悻悻而去」。

段注：「悻即《孟子》悻字也，《孟子》：則怒悻悻然見於其面。趙以恚怒釋之，又引《論語》：悻悻然小人哉，今《論語》作硜硜。」

慈 xián　　急也。从心，从弦，弦亦聲。河南密縣有慈亭。〔胡田切〕

【注釋】

弦有急義，本字當作慈。或謂弓弦緊，故引申出急，亦通，則慈為後起本字也。

古人性緩則佩弦，以催促警示之也，朱自清字佩弦。性急則佩韋（熟牛皮），西門豹性急，常以韋佩身。段注：「性緩者佩弦以自急。」

慓 piào　　疾也。从心，票聲。〔敷沼切〕

【注釋】

剽悍本字也。剽悍，輕捷勇猛也。《說文》：「剽，砭刺也。」非本字明矣。

段注：「《廣雅》：急也。《弓人》曰：於挺臂中有柎焉，故剽。注云：剽，疾也。此謂剽即慓之叚借也。」

懦 nuò　　駑弱者也。从心，需聲。〔人朱切〕

恁 rèn　　下齎也。从心，任聲。〔如甚切〕

【注釋】

本義不詳。

常用義是思念，恁、念一語之轉也。作代詞，這樣、如此也，歐陽修《玉樓春》：「已去少年無計奈，且願芳心常恁在。」又可遠指，那也，如「恁時節」「恁時」。又那麼也，如「恁高」，恁、那一聲之轉也。

段注：「下齎也，未聞。《廣雅》曰：恁，思也。《廣韻》《玉篇》亦曰：念也。恁、念為疊韻。《廣雅》又云：恁，弱也。則與《詩》『荏染』同音通用耳。」

忒 tè　　失常也。从心，代聲。〔他得切〕

【注釋】

今差錯忒之本字也。《說文》:「忒，更也。」本義是變更，《詩經》:「至死矢靡忒。」非本字明矣。或謂變更則失常，引申也，亦通。

段注:「凡人有過失改常謂之忒。忒之引申為已甚，俗語用之，或曰大，他佐切。或曰太，或曰忒，俗語曰忒殺。古多假貣為差忒字。」

怚 jù　驕也。从心，且聲。〔子去切〕

悒 yì　不安也。从心，邑聲。〔於汲切〕

【注釋】

悒悒，不安貌。

段注:「《蒼頡篇》曰：悒悒，不暘之皃也。其字古通作邑，俗作唈。《爾雅》云：僾，唈也。謂憂而不得息也。邑者，人所聚也，故凡鬱積之義从之。」

悆 yù　忘也，嘾也。从心，余聲。《周書》曰：有疾不悆。悆，喜也。〔羊茹切〕

【注釋】

忘記也，又貪婪也。

忒 tè　更也。从心，弋聲。〔他得切〕

【注釋】

常用義有二，一是差錯，二是變更。見上「忕」字注。

憪 xián　愉也。从心，閒聲。〔戶閒切〕

【注釋】

段注:「《廣韻》曰：憪，心靜。然則今人所用閒靜字當作此字。許云愉者，即下文『愉愉如也』之愉，謂憺怕之樂也。」

愉 yú　薄也。从心，俞聲。《論語》曰：私覿，愉愉如也。〔羊朱切〕

【注釋】

「偷」之古字，苟且也。

段注：「薄本訓林薄、蠶薄，而假為淺泊字，泊《水部》作洦。凡言厚薄皆泊之假借也。引申之，凡薄皆云偷。《鹿鳴》：視民不恌。傳曰：恌，愉也。許書《人部》作：佻，愉也。

《周禮》：以俗教安，則民不愉。鄭注：愉謂朝不謀夕。此引申之義也，淺人分別之，別製偷字，从人。訓為偷薄，訓為苟且，訓為偷盜，絕非古字，許書所無。然自《山有樞》鄭箋云：愉讀曰偷。偷，取也。則不可謂其字不古矣。」

懱 miè　　輕易也。从心，蔑聲。《商書》曰：以相陵懱。〔莫結切〕

【注釋】

此「輕蔑」之本字也。段注：「蔑，勞目無精也。」本義是眼睛勞累沒有精神，非本字明矣。

段注：「懱者，輕易人蔑視之也。《剝》之初六曰：蔑貞凶。馬云：蔑，無也。鄭云：輕慢。鄭謂蔑即懱之叚借字也。」

愚 yú　　戇也。从心，从禺。禺，猴屬，獸之愚者。〔麌俱切〕

【注釋】

本義是愚蠢，引申出欺騙，今有「愚弄」。

戇 zhuàng　　愚也。从心，贛聲。〔陟絳切〕

【注釋】

常用義剛直，如「戇直」。又音 gàng，傻，愣，魯莽，如「戇頭戇腦」。

㥒 cǎi　　奸也。从心，采聲。〔倉宰切〕

【注釋】

本義是姦邪。《玉篇》：「又恨也，急也，又蒼來切，與猜同。」

惷 chōng　　愚也。从心，舂聲。〔丑江切〕

【注釋】

愚蠢也。「蠢」之愚義，本字當作「惷」，「蠢」俗字作「惷」，字形相亂，導致字義相滲透。

懝 ài　駭也。从心，从疑，疑亦聲。一曰：惶也。〔五溉切〕

忮 zhì　很也。从心，支聲。〔之義切〕

【注釋】

很者，不順從也。本義是剛愎自用，違逆不順。從支之字多有抵觸不順義，如枝（抵觸也）。常用義是嫉妒。

段注：「很者，不聽從也。《雄雉》《瞻卬》傳皆曰：忮，害也。害即很義之引申也。或叚伎為之，伎之本義為與，許《人部》伎下引《詩》：鞫人伎忒，言叚借也。」

悍 hàn　勇也。从心，旱聲。〔侯旰切〕

【注釋】

本義是勇敢，今有「強悍」「彪悍」「短小精悍」。引申出兇暴義，今有「悍然不顧」。

態 tài（态）　意也。从心，从能。〔徐鍇曰：心能其事，然後有態度也。〕〔他代切〕 或从人。

【注釋】

态乃態之另造俗字。本義是姿態。

段注改作「意態也」，曰：「意態者，有是意，因有是狀，故曰意態。」

怪 guài　異也。从心，圣聲。〔古壞切〕

【注釋】

圣，音 kū，非聖之簡體。

像 dàng　放也。从心，象聲。〔徒朗切〕

【注釋】

今「放蕩」之本字也。蕩的本義是水名，非本字明矣。

慢慢màn　　**惰也。从心，曼聲。一曰：慢，不畏也。〔謀晏切〕**

【注釋】

本義是怠慢、懈怠，引申為速度慢。「一曰：慢，不畏也」者，今傲慢不敬也。慢在上古一般指傲慢不敬，很少作緩慢講，緩慢義一般用緩或徐。

怠怠dài　　**慢也。从心，台聲。〔徒亥切〕**

【注釋】

本義是怠慢，引申有疲倦義，今有「倦怠」。

懈懈xiè　　**怠也。从心，解聲。〔古隘切〕**

【注釋】

段注：「古多叚解為之。」

憜憜duò（惰）　　**不敬也。从心，𡐦省。《春秋傳》曰：執玉憜。〔徒果切〕**惰**憜，或省𨸏。**媠**古文。**

【注釋】

今通行重文惰字，惰的本義是怠慢。

段注：「今書皆作惰。《韋玄成傳》：供事靡憜。師古曰：憜，古惰字。」

愯愯sǒng　　**驚也。从心，從聲。讀若悚。〔息拱切〕**

【注釋】

此驚悚之本字也。雙，懼也。愯、雙義相通也。許書有以讀若破假借之例。段注：「悚當作竦，許書有雙無悚。」

怫怫fú　　**鬱也。从心，弗聲。〔符弗切〕**

【注釋】

憂鬱或生氣貌，今有「怫然」「怫鬱」「怫然作色」。

段注：「鬱者，芳艸築以煮之，引申為凡抑鬱之稱。《瓠子歌》曰：魚弗鬱兮柏冬日。弗者，怫之借字。」

忦 xiè　忽也。从心，介聲。《孟子》曰：孝子之心不若是忦。〔呼介切〕

【注釋】

俗作恝。淡然，不經心。「恝然」，淡然，無動於衷，不在意的樣子。

忽 hū　忘也。从心，勿聲。〔呼骨切〕

【注釋】

本義是不重視，《廣雅》：「忽，輕也。」今有「玩忽職守」。引申為快速義，今有「其亡也忽焉」。引申為遼闊、渺茫義，《國殤》：「平原忽其路超遠。」

引申為很小的長度單位，微、忽、絲、毫、釐、分、寸、尺、丈、引，皆十進位。常「忽微」連用表示微小。忽、易、輕皆有輕視義，三詞又有容易、輕易義，《荀子》：「莫邪刎牛馬忽然耳。」同步引申也。

段注：「古多叚回為之，回俗作曶。《春秋傳》曰：鄭大子曶。始見《左傳·桓公十年》，今字作忽。」

忘 wàng　不識也。从心，从亡，亡亦聲。〔武方切〕

㒼 mán　忘也，㒼兜也。从心，㒼聲。〔母官切〕

【注釋】

㒼兜，古語也，糊塗貌。段注：「疑當作：㒼兜，忘也。㒼兜蓋古語，忘之皃也，猶今人曰胡塗不省事。」

恣 zì　縱也。从心，次聲。〔資四切〕

【注釋】

本義是放縱，今有「恣意妄為」。

愓 dàng　　放也。从心，昜聲。一曰：平也。〔徒朗切〕

【注釋】

今「放蕩」之本字也。蕩是水名，非本字明矣。見前「像」字注。

段注：「《方言》：淫、愓，游也。江沅之間謂戲為淫，或謂之愓。按《廣韻》作婸。」

憧 chōng　　意不定也。从心，童聲。〔尺容切〕

【注釋】

憧憧，往來不停貌，如「人影憧憧」；又搖曳不定貌，桓寬《鹽鐵論》：「心憧憧若涉大川。」用的正是本義。

悝 kuī　　啁也。从心，里聲。《春秋傳》有孔悝。一曰：病也。〔苦回切〕

【注釋】

此「詼諧」之本字也，《說文》無詼。

段注：「啁即今之嘲字，悝即今之詼字，謂詼諧啁調也，今則詼嘲行而悝啁廢矣。《釋詁》曰：悝，憂也。又曰：痗，病也。蓋憂與病相因，悝、痗同字耳。《詩》：悠悠我里。傳曰：里，病也。是則叚借里為悝。」

憰 jué　　權詐也。从心，矞聲。〔古穴切〕

𢡸 guàng　　誤也。从心，狂聲。〔居況切〕

怳 kuǎng（恍）　　狂之貌。从心，況省聲。〔許往切〕

【注釋】

今作恍字。今有「恍然」，模糊貌，又突然明白貌，今有「恍然大悟」。

恑 guǐ　　變也。从心，危聲。〔過委切〕

【注釋】

今「詭異」之本字，《說文》:「詭，權詐也。」權詐則多變，同源詞也。段注：「今此義多用詭，非也。詭訓責。」

懏 xié　　有二心也。从心，巂聲。〔戶圭切〕

【注釋】

今「攜貳」之本字也。段注:「古多叚借攜為之。」

悸 jì　　心動也。从心，季聲。〔其季切〕

【注釋】

本義是因害怕而心跳，心跳病亦謂之悸，後作痵。《漢書》:「使我至今病悸」。

憿 jiāo　　幸也。从心，敫聲。〔古堯切〕

【注釋】

連篆為讀。今「徼幸」之本字也。

段注:「幸者，吉而免凶也。引申之曰欲幸，亦曰憿幸，俗作僥倖、儌幸、徼幸，皆非也。凡傳言徼福者，皆當作憿福為正。」

懖 kuò　　善自用之意也。从心，銛聲。《商書》曰：今汝懖懖。𦖺古文，从耳。〔古活切〕

忨 wán　　貪也。从心，元聲。《春秋傳》曰：忨歲而濁日。〔五換切〕

【注釋】

頑有貪婪義，本字當作忨。《孟子》:「頑夫廉，懦夫有立志。」段注:「忨與玩、翫義皆略同。」

惏 lán　　河內之北謂貪曰惏。从心，林聲。〔盧含切〕

【注釋】

今貪婪字。

懜 mèng　　不明也。从心，夢聲。〔武亙切〕

【注釋】

《說文》:「夢，不明也。」此舉形聲包會意。

段注:「夢之本義為不明，今字假為㝱寐字，夢行而㝱廢矣。」從夢之字、音多有不明義，如懵（心亂迷糊）、朦（月光不明）等。

愆 qiān　　過也。从心，衍聲。〔去虔切〕 或从寒省。 籀文。

【注釋】

本義是過錯，今有「罪愆」。

超過亦謂之愆，《尚書》:「今日之事，不愆於六步、七步，乃止齊焉。」謂超過六步、七步也。「過」亦有此二義，同步引申也。引申錯誤的，如「愆令」謂錯誤的法令。又動詞錯過、耽誤義，如「愆期」。

段注:「過，度也。凡人有所失，則如或梗之有不可徑過處，故謂之過。」

慊 xián　　疑也。从心，兼聲。〔戶兼切〕

【注釋】

慊本義是嫌疑。

《漢書》:「偷得避慊之便。」引申出嫌恨、不滿、怨恨義。嫌亦有嫌疑、怨恨二義，同步引申也。又音 qiè，快意、滿足也，當是愜之借字。「不慊」謂不滿也。

段注:「今字多作嫌。按《女部》: 嫌者，不平於心也。一曰: 疑也。不平於心為嫌之正義，則嫌疑字作慊為正，今則嫌行而慊廢，且用慊為歉，非是。又或用慊為愜，尤非是。《大學》: 此之謂自謙。注曰: 謙讀為慊，慊之言猒也。猒足，非慊之本義也。」

惑 huò　　亂也。从心，或聲。〔胡國切〕

【注釋】

惑有迷惑、蠱惑義，如「惑主敗法」; 有懷疑、疑惑義。疑也有此二義，同步引申也。

怋 mín　　怓也。从心，民聲。〔呼昆切〕

怓 náo　　亂也。从心，奴聲。《詩》曰：以謹惛怓。〔女交切〕

【注釋】

惛怓，亂貌。段注：「怋怓為連綿字。」

惷 chǔn　　亂也。从心，春聲。《春秋傳》曰：王室日惷惷焉。一曰：厚也。〔尺允切〕

【注釋】

在騷動、愚蠢義上又寫作蠢，「蠢動」指壞人的擾亂活動。見前「惷」字注。「惷」實「蠢」之後起俗字。段注：「今本作王室實蠢蠢焉。杜注：動擾皃。」

惛 hūn　　不憭也。从心，昏聲。〔呼昆切〕

【注釋】

頭腦發昏之後起本字也。昏的本義是黃昏。

忥 xì　　癡貌。从心，气聲。〔許既切〕

【注釋】

本義是癡呆的樣子。常用安靜義，《爾雅》：「忥，靜也。」

䡅 wèi　　夢言不慧也。从心，衛聲。〔于歲切〕

憒 kuì　　亂也。从心，貴聲。〔胡對切〕

【注釋】

昏聵之本字也，聵的本義是聾子，今「振聾發聵」。

段注：「《大雅·召旻》：潰潰回遹。傳曰：潰潰，亂也。按潰潰者，憒憒之叚借也，後人皆用憒憒。」

忌 jì　　憎惡也。从心，己聲。〔渠記切〕

【注釋】

忌有二常用義：一是害怕，今有「肆無忌憚」，忌憚，同義連文，謂害怕也。古人多有名無忌者，如魏無忌、何無忌、長孫無忌、張無忌，顧名思義，謂大膽也。

二是憎惡、嫉妒，通「疾」，今有「疾惡如仇」「猜忌」「忌才妒能」「忌恨」。疾也有此二常用義。

忿 fèn　悁也。从心，分聲。〔敷粉切〕

【注釋】

段注：「忿與憤義不同，憤以氣盈為義，忿以狷急為義。」

悁 yuān　忿也。从心，肙聲。一曰：憂也。〔於緣切〕 籀文。

【注釋】

生氣也。憂愁義乃後起。段注：「悁之言狷也。狷，急也。《澤陂》曰：中心悁悁。傳曰：悁悁猶悒悒也。」

黎 lí　恨也。从心，黎聲，一曰：怠也。〔郎尸切〕

恚 huì　恨也。从心，圭聲。〔於避切〕

【注釋】

本義是怨恨。又惱怒、發怒也，《廣雅》：「恚，怒也。」

怨 yuàn　恚也。从心，夗聲。 古文。〔於願切〕

【注釋】

本義是怨恨。

憾、恨古代是同義詞，表示遺憾，先秦一般用憾，漢以後用恨。怨、恨不是同義詞，怨表怨恨，恨無此義。只有「怨恨」連用才表怨恨義。

怒 nù　恚也。从心，奴聲。〔乃故切〕

【注釋】

本義是生氣，引申為氣勢強盛。怒者，盛也。今有「鮮花怒放」。《莊子》：「怒而飛，翼若垂天之雲。」段注：「按古無努字，只用怒。」

懟 duì　怨也。从心，敦聲。《周書》曰：凡民罔不懟。〔徒對切〕

【注釋】

本義是怨恨，今有「怨懟」。懟、憝實一字之異體。

慍 yùn　怒也。从心，昷聲。〔於問切〕

【注釋】

本義是暗暗生氣。怒是表現在外的生氣，從昷之字多有藏伏義，如蘊、韞等。

惡 è　過也。从心，亞聲。〔烏各切〕

【注釋】

惡的本義是過失。

《周禮》：「保氏掌諫王之惡。」段注：「人有過曰惡，有過而人憎之亦曰惡。本無去入之別，後人強分之。」引申出長得醜叫惡，「惡女」即醜女，「惡金」即鐵，黑乎乎的難看。常與「好」對應，「好」的本義是長得好看。《說文》：「好，美也。」《戰國策》：「九侯有子而好，獻之紂王，紂王以為惡。」好有優點義、有善義、有漂亮義，與「惡」之三義項恰相對同步引申。

從亞聲者，聲兼義也，亞有順次義。《爾雅》：「兩婿相稱謂之亞。」後作婭。

憎 zèng　惡也。从心，曾聲。〔作滕切〕

怫 pèi　恨怒也。从心，宋聲。《詩》曰：視我怫怫。〔蒲昧切〕

忍 yì　怒也。从心，刀聲。讀若顡。〔李陽冰曰：刀非聲，當从刈省。〕〔魚既切〕

慘 xié　怨恨也。从心，彖聲。讀若膎。〔臣鉉等曰：彖非聲，未詳。〕〔戶佳切〕

【注釋】

「彖」當作「彖」，隸變無別。「蠡」即從「彖」聲，見前「蠡」字注。

恨 hèn　　怨也。从心，艮聲。〔胡艮切〕

【注釋】

恨之本義是遺憾，非怨恨也，許說非本義。「商女不知亡國恨」，「恨別鳥驚心」，恨皆遺憾也。憾、恨是同義詞，都是遺憾，先秦用憾，漢以後用恨。現在的仇恨，古用怨字，恨單獨不作仇恨，只有「怨恨」連文才表仇恨。

「恨」在古代確實與「怨」的意思有時相近，但古代「恨」的程度比「怨」輕，實際是不滿的意思。《荀子·堯問》:「祿厚者民怨之，位尊者君恨之。」仇恨的意思一般只用「怨」，不用「恨」。到了現代則相反，「恨之入骨」「懷恨在心」，程度都比「怨」重得多。

懟 duì　　怨也。从心，對聲。〔丈淚切〕

【注釋】

見上「憝」字注。段注:「今與憝音義皆同，謂為一字。許不爾者，敦聲古在十三部。」

悔 huǐ　　悔恨也。从心，每聲。〔荒內切〕

【注釋】

本義是悔恨。常用災難義，與吉相對，如「亢龍有悔」。

段注:「按悔乃複舉字之未刪者，《韻會》無，當从之。悔者，自恨之意。」

憓 chì　　小怒也。从心，壴聲。〔充世切〕

怏 yàng　　不服，懟也。从心，央聲。〔於亮切〕

【注釋】

今有「怏怏不樂」，「怏然不快」，不服氣，不高興也。

懣 mèn　　煩也。从心，从滿。〔莫困切〕

【注釋】

今鬱悶也。又指生氣、憤慨義，今有「憤懣」。憤也有此二義，同步引申也。

段注：「煩者，熱頭痛也。引申之，凡心悶皆為煩。《問喪》曰：悲哀志懣氣盛。古亦叚滿為之。」

憤 fèn　　懣也。从心，賁聲。〔房吻切〕

【注釋】

本義是鬱悶，非今憤怒。古「發憤」謂排遣心中的鬱悶，司馬遷發憤著《史記》。《論語》：「不憤不啟，不悱不發。」孔子教弟子，只有到了他鬱悶想不通的時候才啟發他。見「懣」字注。

悶 mèn　　懣也。从心，門聲。〔莫困切〕

惆 chóu　　失意也。从心，周聲。〔敕鳩切〕

悵 chàng　　望恨也。从心，長聲。〔丑亮切〕

愾 xì　　大息也。从心，从氣，氣亦聲。《詩》曰：愾我寤嘆。〔許既切〕

【注釋】

本義是歎息貌。

常用義是憤恨、憤怒，《左傳》：「諸侯敵王所愾。」謂抗擊王所痛恨的人。今有「同仇敵愾」，乃並列結構，《詩經》：「與子同仇。」同所仇，敵所愾也。

段注：「大息皃。大各本作太，皃各本作也，皆誤，今正。古無太息連文者，淺人為之也。《口部》歎下曰：大息也。大息者，呼吸之大者也。呼，外息也。吸，內息也。」

懆 cǎo　　愁不安也。从心，喿聲。《詩》曰：念子懆懆。〔七早切〕

【注釋】

懆懆，憂愁貌。《詩經·小雅·巷伯》「驕人好好，勞人草草」之本字也，毛傳：「草草，勞心也。」

段注：「當依《韻會》本作：懆懆，愁也。懆訓愁，慘訓毒，音義皆殊，而寫者多亂之。」

今按：慄、慘二字相亂，乃草書形似所致。

愴 chuàng　傷也。从心，倉聲。〔初亮切〕

【注釋】

悲傷貌，陳子昂《登幽州臺歌》：「念天地之悠悠，獨愴然而涕下。」段注：「愴訓傷，猶創訓傷也。《祭義》曰：必有悽愴之心。」

怛 dàn / dá　憯也。从心，旦聲。〔得案切〕，又〔當割切〕 或从心在旦下。《詩》曰：信誓怛怛。

【注釋】

常用義有二：一憂傷、悲痛也，如「中心怛兮」。「怛怛」，憂傷不安貌。二驚恐貌，《廣雅》：「怛，懼也。」如「怛惕不安」。「恫」有此二義，同步引申也。

段注：「按《詩》曰：信誓旦旦。傳曰：信誓然。謂旦即悬之叚借字。箋云：言其懇惻款誠是也。」

憯 cǎn　痛也。从心，朁聲。〔七感切〕

【注釋】

本義是悲痛，如「憯怛」。作虛詞時用來加強否定語氣，《詩經》：「胡憯莫懲。」

慘 cǎn　毒也。从心，參聲。〔七感切〕

【注釋】

本義是殘酷狠毒，《漢書》：「慘毒行於民。」引申為淒慘、悲慘。

悽 qī　痛也。从心，妻聲。〔七稽切〕

恫 tōng　痛也。一曰：呻吟也。从心，同聲。〔他紅切〕

【注釋】

本義是痛苦，《詩經》：「神罔時恫，神罔時怨。」又有恐懼義，今有「恫嚇」。《史記》：「國大亂，百姓恫恐。」「怛」有此二義，同步引申也。

段注：「《匡謬正俗》曰：太原俗呼痛而呻吟為通喚。《周書》『痌瘝』是其義，江南謂呻喚，關中謂呻恫。按前說可包後說，此等恐皆後人入也。」

悲 bēi　痛也。从心，非聲。〔府眉切〕

【注釋】

痛苦與憐憫義相關，故《說文》自「悲」字以下幾個詞都訓為痛，兼有此二義。悲有憐憫義，今有「慈悲為懷」。又有懷戀義，如「游子悲故鄉」。

段注：「按憯者，痛之深者也。恫者，痛之專者也。悲者，痛之上騰者也。各从其聲而得之。」

惻 cè　痛也。从心，則聲。〔初力切〕

【注釋】

本義是痛苦，如「淒惻」「惻然」，《廣雅》：「惻，悲也。」今有「惻隱之心」，隱有痛苦義，「惻隱」謂對別人的悲痛表示悲傷憐憫。又誠懇也，今有「懇惻」。

惜 xī　痛也。从心，昔聲。〔思積切〕

【注釋】

本義是痛苦，今有「痛惜」。惜有愛義，有吝嗇義，如「惜別」「惜指失掌」。愛亦有此二義，同步引申也。

愍 mǐn　痛也。从心，敃聲。〔眉殞切〕

【注釋】

常用二義：一憂患、災難；二憐憫。

慇 yīn　痛也。从心，殷聲。〔於巾切〕

【注釋】

此《詩經》「憂心殷殷，如有隱憂」之本字也。

段注：「《柏舟》：耿耿不寐，如有隱憂。傳曰：隱，痛也。此謂隱即慇之假借。痛憂猶重憂也。《桑柔》：憂心慇慇。《釋訓》：慇慇，憂也。謂憂之切者也。凡經傳隱訓痛者，皆《柏舟》詩之例。」

㥋 yī　痛聲也。从心，依聲。《孝經》曰：哭不㥋。〔於豈切〕

憪 jiǎn　憪，存也。从心，簡省聲。讀若簡。〔古限切〕

【注釋】

連篆為讀，憪憪，存也。存者，明察貌。《爾雅》:「在、存、省、視，察也。」《爾雅》:「存存、萌萌，在也。」萌萌乃憪憪之訛誤。

慅 sāo　動也。从心，蚤聲。一曰：起也。〔穌遭切〕

【注釋】

今騷動之本字也。

段注 :「《月出》: 勞心慅兮，《常武》: 徐方繹騷。傳曰 : 騷，動也。此謂騷即慅之假借字也，二字義相近，騷行而慅廢矣。」《說文》:「騷，擾也。」非本字明矣。

感 gǎn　動人心也。从心，咸聲。〔古禫切〕

【注釋】

感在古代單用時一般不當感謝講。段注 :「許書有感無憾，《左傳》《漢書》憾多作感。蓋憾淺於怨怒，才有動於心而已。」

忧 yòu　心動也。从心，尤聲。讀若祐。〔于救切〕

【注釋】

憂愁之本字當作㥑，《說文》:「㥑，愁也。」

段注 :「訓愁者皆作㥑，自假憂代㥑，則不得不假優代憂，而《商頌》乃作『布政優優』。優者，饒也。」《說文》:「憂，和之行也。」非本字明矣。

今簡化漢字另造俗字忧，乃恰與《說文》偶合也，恐非直接採用忧字。父母的喪事謂之憂，今有「丁憂」，也叫「丁艱」「守制」，謂給父母守孝也。

㤹 qiú　怨仇也。从心，咎聲。〔其久切〕

【注釋】

今「既往不咎」之本字也。

段注：「惎與咎音同義別，古書多假咎字為之，咎行而惎廢矣。」《說文》：「咎，災也。」此「動輒得咎」字也。

愪yún　　憂皃。从心，員聲。〔王分切〕

怮yōu　　憂皃。从心，幼聲。〔於虯切〕

忦jiá　　憂也。从心，介聲。〔五介切〕

【注釋】

段注：「此與上介下心之字義別。」忩，忽也，淡然貌。

恙yàng　　憂也。从心，羊聲。〔余亮切〕

【注釋】

本義是憂愁，「安然無恙」，謂無憂也，今謂平安無事也。後產生出疾病義，如「身有微恙」。段注：「古相問曰不恙，曰無恙，皆謂無憂也。」

惴zhuì　　憂懼也。从心，耑聲。《詩》曰：惴惴其慄。〔之瑞切〕

【注釋】

段注：「許意懼不足以盡之，故增憂字。慄當作栗，轉寫之誤也。古戰慄、堅栗皆作栗，戰慄及《禮經》栗階，皆取栗駭之意。」

惸chún　　憂也。从心，鈞聲。〔常倫切〕

怲bǐng　　憂也。从心，丙聲。《詩》曰：憂心怲怲。〔兵永切〕

【注釋】

憂愁也。

段注：「《釋訓》曰：怲怲，憂也。毛傳曰：怲怲，憂盛滿也。怲怲與彭彭音義同，故云憂盛滿。」

惔 tán　憂也。从心，炎聲。《詩》曰：憂心如惔。〔徒甘切〕

【注釋】

本義是憂愁。從炎，聲兼義也。常用義是焚燒，乃「炎」之後起俗字，《詩經》：「憂心如惔。」又有安靜義，通淡，《莊子》：「虛無恬惔，乃合天德。」

段注：「《節南山》：憂心如惔。許所據作憂心如炎，引之以明會意也。此亹、蘦引《易》之例，今更正。炎者，火光上也，憂心如之，故其字作惔。《雲漢》：如惔如焚。亦『如炎』之誤，毛傳曰：惔，燎之也。」今毛傳與《雲漢》均作「惔」，乃據經改傳之結果。

據段注，許書有引古籍來說明字形之體例，非僅說明字義、通假也。

惙 chuò　憂也。从心，叕聲。《詩》曰：憂心惙惙。一曰：意不定也。〔陟劣切〕

【注釋】

本義是憂愁，常迭用。又有疲乏義，《魏書》：「疾患淹年，氣力惙敝。」陸龜蒙詩：「其時心力憒，益使氣息惙。」

傷 shāng　憂也。从心，殤省聲。〔式亮切〕

【注釋】

此「憂傷」之後起本字也。《說文》：「傷，創也。」非本字明矣。

段注：「《周南·卷耳》傳曰：傷，思也。此傷即傷之叚借，思與憂義相近也。《方言》傷，《廣雅》作傷。」

愁 chóu　憂也，从心，秋聲。〔士尤切〕

【注釋】

段注：「或借為揫字，《鄉飲酒義》曰：秋之為言揫也。」

愵 nì　憂貌。从心，弱聲。讀與惄同。〔奴歷切〕

【注釋】

《韓詩》：「愵如朝饑。」讀與某同者，許書或用來注音，或用來破假借，此處是破假借。

段注：「《毛詩》：惄如輖饑，《韓詩》作愵如，《方言》：愵，憂也。自關而西秦晉之間或曰惄。蓋古惄、愵通用。」

惂 kǎn　　**憂困也。从心，臽聲。〔苦感切〕**

悠 yōu　　**憂也。从心，攸聲。〔以周切〕**

【注釋】

本義是憂愁。作長久者，乃攸之假借。《說文》：「攸，行水也。」本義是水長，引申為長、久。今有「悠久」。修、脩之長久義亦攸之假借。

段注：「憂乃悠之本義。《黍離》：悠悠蒼天。傳曰：悠悠，遠意。此謂悠同攸，攸同修。古多假攸為修，長也、遠也。」

常「悠悠」連用，「青青子衿，悠悠我心」者，憂愁也；「念天地之悠悠」，遙遠、長久也；「白雲千載空悠悠」，閒靜貌也；「眾人悠悠之口」，眾多也。

悴 cuì　　**憂也。从心，卒聲。讀與《易》萃卦同。〔秦醉切〕**

【注釋】

本義是憂慮。又有勞苦、困病義，即憔悴也。憔悴字本作顦顇，見前「顇」字注。

慁 hùn　　**憂也。从心，圂聲。一曰：擾也。〔胡困切〕**

【注釋】

本義是憂愁，又有打擾義、侮辱義。

憥 lí　　**楚穎之間謂憂曰憥。从心，𠩺聲。〔力至切〕**

【注釋】

今罹憂之本字也。《爾雅》：「罹，憂也。」

忓 xù　　**憂也。从心，于聲。讀若吁。〔況於切〕**

【注釋】

今《詩經》「云何吁矣」之本字也。《說文》：「吁，驚也。」本義是歎詞，非本字明矣。

段注：「《卷耳》：云何吁矣。傳曰：吁，憂也。此謂吁即忏之假借也。《于部》曰：吁，驚詞也。本義不訓憂。《何人斯》曰：云何其盱。《都人士》曰：云何盱矣。盱亦忏之叚借，毛無傳，疑《卷耳》本亦作盱也。盱，張目也。《釋詁》：盱，憂也。盱本或作忏。」

忡 𢗰 chōng　　憂也。从心，中聲。《詩》曰：憂心忡忡。〔敕中切〕

【注釋】

憂愁貌，今有「憂心忡忡」，語本《詩經》。

悄 𢙈 qiǎo　　憂也。从心，肖聲。《詩》曰：憂心悄悄。〔親小切〕

【注釋】

本義是憂愁的樣子，《詩經》：「勞心悄兮。」無聲義乃後起。

慼 𢡖 qī　　憂也。从心，戚聲。〔倉歷切〕

【注釋】

今「休戚相關」之本字也。戚者，憂也，禍也。

段注：「自詒伊戚。傳曰：戚，憂也。謂戚即是慽之假借字也。戚者，戉也。」戚本義是兵器，非本字明矣。

𢝊 𢝊 yōu　　愁也。从心，从頁。〔徐鍇曰：𢝊形於顏面，故从頁。〕〔於求切〕

【注釋】

此「憂愁」之本字也，見前「憂」「忧」字注。

段注：「許於《夊部》曰：憂，和行也。又引《詩》：布政憂憂。於此知許所據《詩》惟此作憂，其他訓愁者皆作𢝊。自叚憂代𢝊，則不得不叚優代憂，而《商頌》乃作布政優優。優者，饒也。」

患 患 huàn　　憂也。从心，上貫吅，吅亦聲。〔胡丱切〕 𢜫 古文，从關省。 𢝜 亦古文患。

【注釋】

本義是憂愁、憂慮，今有「患得患失」。引申為災難，今有「患難之交」「防患未然」。引申有疾病義，如「膏肓之患」，猶難愈之重疾也。今有「患病」。

段注：「古本當作『从心，毌聲』四字。毌、貫古今字，古形橫直無一定，如目字偏旁皆作罒。患字上从毌，或橫之作申，而又析為二中之形，蓋恐類於申也。」

恇 kuāng　　怯也。从心、匡，匡亦聲。〔去王切〕

【注釋】

恇恇，恐懼貌。段注：「《素問》：尺虛者行步恇然。王注：恇然不足。《樂記》：眾不匡懼。此叚匡為恇也。」

㥦 qiè　　思貌。从心，夾聲。〔苦叶切〕

慴 shè　　失氣也。从心，聶聲。一曰：服也。〔之涉切〕

【注釋】

本義是恐懼、害怕，《管子》：「身在草茅而無慴義。」今有「威慴」，即用武力使之害怕也。怕則服，故引申屈服義。「一曰：服也」，即震慴義也，今有「慴服」。

憚 dàn　　忌難也。从心，單聲。一曰：難也。〔徒案切〕

【注釋】

本義是害怕，今有「肆無忌憚」，「不憚煩」即不怕麻煩。

段注：「凡畏難曰憚，以難相恐嚇亦曰憚。昭十三年《左傳》曰：憚之以威。」

悼 dào　　懼也。陳楚謂懼曰悼。从心，卓聲。〔臣鉉等曰：卓非聲，當从罩省。〕〔徒到切〕

【注釋】

本義是恐懼，《呂氏春秋》：「敵人之悼懼憚恐。」又有憂傷義，《詩經》：「靜言思之，躬自悼矣。」

哀、悼、戚、悲，都有悲傷義。戚表示憂苦、悲哀，今有「休戚」；悼是悲痛義，常用於悼念死者，今有「悼亡」。悲、哀又作動詞，憐憫、同情義，哀的色彩更重，《捕蛇者說》:「君將哀而生之乎？」

恐 kǒng　懼也。从心，巩聲。〔丘隴切〕 古文。

【注釋】

本義是害怕，引申有恐怕義，懼亦有此二義。

慴 shè　懼也。从心，習聲。讀若疊。〔之涉切〕

【注釋】

懾有害怕義，本字當作慴，後來二字成了異體字，今簡化漢字廢慴。

怵 chù　恐也。从心，术聲。〔丑律切〕

【注釋】

今有「發怵」「怵目驚心」。引申出警惕義，《莊子》:「怵然為戒。」今有「怵惕」，謂害怕也，警懼也。又引誘也，當是「訹」之借字，《管子》:「君子不怵乎好，不迫乎惡。」

惕 tì　敬也。从心，易聲。〔他歷切〕 或从狄。

【注釋】

恐懼、提心弔膽，今有「警惕」。

烘 hóng / gǒng　戰慄也。从心，共聲。〔戶工切〕，又〔工恐切〕

【注釋】

段注:「栗舊作慄，今正。《大學》曰：恂，栗也。《戰國策》曰：戰戰慄栗，日慎一日。《方言》:『蛩烘，戰慄也。荊吳曰蛩烘，蛩烘，又恐也。』烘與上共下心之恭字義別。」

核 hài　苦也。从心，亥聲。〔胡概切〕

惶 huáng　恐也。从心，皇聲。〔胡光切〕

【注釋】

今有「惶恐」「惶惶不可終日」。「恓惶」謂忙碌，又有悲傷、可憐義。本郭芹納先生說。陝西方言中「日子過得恓惶」，蓋即後義。見路遙《平凡的世界》。

悑 bù（怖） **惶也。从心，甫聲。〔普故切〕 或从布聲。**

【注釋】

今通行重文怖。

慹 zhí **悑也。从心，執聲。〔之入切〕**

憝 qì **㤺也。从心，毄聲。〔苦計切〕**

【注釋】

疲憊也。

㤺 bèi（憊） **憝也。从心，𤰈聲。〔蒲拜切〕 或从疒。**

【注釋】

即今疲憊字，後簡化作惫，《通俗文》：「疲極曰憊。」

惎 jì **毒也。从心，其聲。《周書》曰：來就惎惎。〔渠記切〕**

【注釋】

本義是毒害，常用義是憎恨。

恥 chǐ（耻） **辱也。从心，耳聲。〔敕里切〕**

【注釋】

今通行耻，後起俗字也。「恥」字變為「耻」，與草書楷化和聲旁更換都有一定關係。

恥、辱、羞三字有別。羞只是羞愧，在程度上沒有恥辱重。恥、辱用於名詞時是同義詞，用於動詞則不同，「恥之」是表示以他為可恥，是意（以）動用法；「辱之」表示羞辱他或使他受辱，是使動用法。這一點，恥、辱不能替換。

悿 tiǎn　　青徐謂慚曰悿。从心，典聲。〔他典切〕

【注釋】

慚愧也。腆有慚愧義，本字當作悿。如「腆汗」謂因羞慚而出汗；「腆顏」謂面帶羞愧之色；「靦腆事仇」指不知羞恥地侍奉敵人。

段注：「《方言》：悿、恧，慚也。荊揚青徐之間曰悿，若梁益秦晉之間言心內慚矣，山之東西自愧曰恧。」

忝 tiǎn　　辱也。从心，天聲。〔他點切〕

【注釋】

本義是辱也。《爾雅》：「恥、忝，辱也。」引申為自謙之詞，猶辱沒也，如「忝列門牆」「忝受此任」「忝屬知己」。

慙 cán　　媿也。从心，斬聲。〔昨甘切〕

【注釋】

媿，愧之異體也。

恧 nǜ　　慙也。从心，而聲。〔女六切〕

【注釋】

本義是慚愧。

怍 zuò　　慙也。从心，作省聲。〔在各切〕

【注釋】

本義是慚愧，今有「慚怍」。

憐 lián　　哀也。从心，粦聲。〔落賢切〕

【注釋】

簡化字怜乃新造之俗字。

哀有可憐義。憐有同情義，有愛義，故「可憐」有同情義，有可愛義，如「可憐九月初三夜」。今有「我見猶憐」，謂我見猶愛也。「憐香惜玉」，憐、惜皆愛也。

𢙢 lián　泣下也。从心，連聲。《易》曰：泣涕𢙢如。〔力延切〕

【注釋】

今「淚水漣漣」之本字也。《說文》「漣」乃瀾之異體字，後分別異用。段注：「古闌、連同音，故瀾、漣同字，後人乃別為異字異義異音。」

忍 rěn　能也。从心，刃聲。〔而軫切〕

【注釋】

能，耐也。能、耐一語之轉也，見前「耐」字注。

忍的本義是忍耐、容忍。引申為抑制，《荀子》：「志忍私然後能公。」又有狠心義，今有「殘忍」，如「董卓，忍人也」。

段注：「能者，熊屬，能獸堅中，故賢者稱能，而強壯稱能傑。凡敢於行曰能，今俗所謂能幹也。敢於止亦曰能，今俗所謂耐也。能、耐本一字，俗殊其音。忍之義亦兼行止，敢於殺人謂之忍，俗所謂忍害也。敢於不殺人亦謂之忍，俗所謂忍耐也，其為能一也。」

㥝 mǐ　厲也。一曰：止也。从心，弭聲。讀若沔。〔彌兗切〕

【注釋】

厲者，劇烈也，引申為更加。此「欲蓋彌彰」之本字也。《說文》：「彌，久長也。」非本字明矣。「一曰：止也」，此乃「弭謗」「弭兵」之本字也。《說文》：「弭，弓無緣也。」非本字明矣。

段注：「《左傳》『弭兵』之弭，《周禮》『彌災兵』之彌，《郊特牲》『有由辟焉』之辟，皆當作此字。」

忞 yì　懲也。从心，乂聲。〔魚肺切〕

【注釋】

本義是懲戒。常「懲忞」連用，《晉書》：「始皇初年，懲忞六國。」段注：「古多用乂、艾為之，而忞廢矣。」

懲 chéng　忞也。从心，徵聲。〔直陵切〕

【注釋】

本義是受創而知戒，即受打擊引起警戒或不再幹。今有「懲戒」「懲前毖後」。《國殤》:「身首異兮心不懲。」後引申出懲罰。又有苦於義，《愚公移山》:「懲山北之塞，出入之迂也。」

憬 jǐng　　覺悟也。从心，景聲。《詩》曰：憬彼淮夷。〔俱永切〕

【注釋】

本義是覺悟，今有「憬悟」,「憬然」謂醒悟貌。今有「憧憬」。又有遠行貌，《詩經》:「憬彼淮夷，來獻其琛。」

段注 :「悟，覺也。憬當與悟為鄰，且《毛詩》作廣，故訓遠行皃。憬蓋出三家詩，淺人取以改毛。許書蓋本無此篆，或益之於此。」

文二百六十三　重二十二

慵 yōng　　懶也。从心，庸聲。〔蜀容切〕

悱 fěi　　口悱悱也。从心，非聲。〔敷尾切〕

【注釋】

指想說又不能恰當地說出來。《集韻》:「悱，心欲也。」《論語》:「不憤不啟，不悱不發。」從非之字多有違背義。

怩 ní　　䏾怩，慚也。从心，尼聲。〔女夷切〕

【注釋】

䏾怩，即忸怩也，慚愧不安貌。

惉 zhān　　惉懘，煩聲也。从心，沾聲。〔尺詹切〕

【注釋】

也作「沾滯」，聲音不和也。

懘 chì　　惉懘也。从心，滯聲。〔尺制切〕

懇 kèn（懇）　　悃也。从心，豤聲。〔康恨切〕

【注釋】

悃，誠懇也。今簡化字作恳，省旁俗字也。

忖 cǔn　　度也。从心，寸聲。〔倉本切〕

怊 chāo　　悲也。从心，召聲。〔敕宵切〕

【注釋】

悲傷失意，如「怊乎」「怊怊」「怊悵」，失意貌也。

慟 tòng　　大哭也。从心，動聲。〔徒弄切〕

【注釋】

指極度的悲哀，又指大哭，如「慟哭」「大慟」。

惹 rě　　亂也。从心，若聲。〔人者切〕

【注釋】

本義是亂。辛棄疾詞《摸魚兒》:「畫簷蛛網，盡日惹飛絮。」今為招惹、挑逗義。

恰 qià　　用心也。从心，合聲。〔苦狹切〕

【注釋】

本義是用心。

鄭珍《說文新附考》:「六朝以前，書無此字，唐人詩乃常用之義為適當，齊梁以來俗語也。」從合聲，聲兼義，引申為恰當、適當。「恰恰」，用心貌。唐玄覺《禪宗永嘉集》:「恰恰用心時，恰恰無心用。」

「恰恰」另有融和貌，如「春光恰恰」；鳥鳴聲，杜甫《江畔獨步尋花》:「留連戲蝶時時舞，自在嬌鶯恰恰啼。」或謂此「恰恰」謂頻頻、時時也，與上句「時時」對文。本郭在貽先生說。

悌 悌 tì　　**善兄弟也。从心，弟聲。經典通用弟。〔特計切〕**

【注釋】

兄友弟恭是為悌，古有「孝悌」。《三字經》：「首孝悌，次見聞。」

懌 懌 yì　　**說也。从心，睪聲。經典通用釋。〔羊益切〕**

【注釋】

釋有喜悅義，後作懌，後起本字也。怿乃草書楷化字形。

文十三 新附

惢部

惢 惢 cuī / cuǐ　　**心疑也。从三心。凡惢之屬皆从惢。讀若《易》：旅瑣瑣。又〔才規、才累二切〕**

【注釋】

「惢」實蘂、蕊之初文。

段注：「今俗謂疑為多心，會意，今花蘂字當作此，蘂、橤皆俗字也。」

繠 繠 ruǐ　　**垂也。从惢，糸聲。〔如壘切〕**

【注釋】

蕊、蕤同源詞也。

段注：「《左傳》曰：佩玉繠兮，余無所繫之。旨酒一盛兮，余與褐之父睨之。注云：繠然，服飾備也。按繠然，垂意。」

文二

卷十一上

二十一部 六百八十五文 重六十二 凡九千七百六十九字

文三十一新附

水部

水 shuǐ **準也，北方之行。象眾水並流，中有微陽之气也。凡水之屬皆从水。**〔式軌切〕

【注釋】

水的本義是河。河水中間連，兩邊有岸阻擋，故斷開。

準者，平也。此聲訓也，水得名於其特點平。寇準，字仲平。《史記》有《平準書》，是談物價、經濟政策的，《漢書》叫《食貨志》。北方壬癸水，故五行水屬北方。水古代指河，見「河」字注。黃河叫河，故其他的河就叫水，如「渭水」「洛水」。

段注：「《釋名》曰：水，準也。準，平也。天下莫平於水，故匠人建國必水地。」

汃 bīn **西極之水也。从水，八聲。《爾雅》曰：西至汃國，謂四極。**〔府巾切〕

【注釋】

古代西極河名。西極謂西方極遠之處。

汃汃，水波相擊聲也。今方言爛熟、疲軟謂之汃，音 pā，回族有「pā 肉」，指做得爛熟的羊肉，有肥有瘦，類似漢族之扣肉。

段注：「《南都賦》：砏汃輣軋。李善：汃音八，引《埤蒼》：汃，大聲也。此假借別為一義。」

河𣲞 hé　　水，出敦煌塞外崑崙山，發原注海。从水，可聲。〔乎哥切〕

【注釋】

河的本義是黃河，河在先秦專指黃河，《關雎》:「關關雎鳩，在河之州。」一般的河則稱為水，如「漢水」「濟水」「淮水」「洛水」「渭水」等。後詞義擴大，泛指所有的河。又指天上的銀河，如「秋河曙耿耿」，今有「河漢」。

段注:「敦，鍇作燉，鉉作焞，皆誤，今正。唐朝乃作燉煌，見《元和郡縣志》，前此皆作敦。酈氏書引應劭《地理風俗記》曰：敦，大也。煌，盛也。《地理志》《郡國志》皆有敦煌郡，縣六首敦煌。許但云敦煌，謂郡也，明之沙州衛。」

敦煌古叫沙州，沙洲石室謂敦煌石窟也。酒泉古稱肅州，張掖古稱甘州，武威古稱涼州，所謂河西四郡也。

泑𣲞 yōu　　澤，在崑崙下。从水，幼聲。讀與㓜同。〔於糾切〕

【注釋】

連篆為讀。以下凡水字後單獨斷句者，皆此體例，不再出注。

涷𣲞 dōng　　水，出發鳩山，入於河。从水，東聲。〔德紅切〕

【注釋】

涷雨，暴雨也，如「令飄風兮先驅，使涷雨兮灑塵」。

段注:「按《方言》瀧涿謂之沾漬，瀧涿亦曰瀧涷。又《爾雅》《楚辭》有涷雨，王云：暴雨也。」

涪𣲞 fú　　水，出廣漢剛邑道徼外，南入漢。从水，音聲。〔縛牟切〕

【注釋】

即今之涪江，在四川省中部，注入嘉陵江。

今重慶有涪陵區。涪陵產榨菜，味美。流經涪陵境內的烏江，古稱涪水（非今之涪江）。涪陵為古代巴國故都，巴國先王陵墓多葬於此，因而得名「涪陵」。

潼𣲞 tóng　　水，出廣漢梓潼北界，南入墊江。从水，童聲。〔徒紅切〕

【注釋】

本義是水名，在四川省梓潼縣境內，南流注入墊江。

常用有雲起貌，引申為盛多，《易林》：「潼滃蔚薈，林木來會，津液下降，流潦霈霈。」又「潼潼」，高貌也。

江𣲛 jiāng　　水，出蜀湔氐徼外岷山，入海。从水，工聲。〔古雙切〕

【注釋】

本義是長江，後泛指江。北方的河流多稱河，南方的河流多稱江。然北方有松花江、黑龍江，海南島有萬全河。見「瀆」字注。

沱 tuó（池）　　江別流也。出岷山，東，別為沱。从水，它聲。〔臣鉉等曰：沱沼之沱，通用此字。今別作池，非是。〕〔徒何切〕

【注釋】

江別流者，長江之支流也。本義是沱江，長江的支流，在四川省，非長江源頭之沱沱河也。後泛指支流，「沱汜」泛指江水支流。又池的異體字，後分別異用，今作為滂沱字。

陳夢家《禺邗王壺考釋》：「金文沱、池為一字，以池為池沼，為停水，為城池，皆非朔義。池即沱，而沱者，水之別流也。江之別流為沱，為渚，為汜。」

段注：「《召南》曰：江有沱。《釋水》曰：水自江出為沱。毛傳曰：沱，江之別者。《禹貢》某氏注云：沱，江別名。江別名，謂江之別出者之名也。」

浙 zhè　　江水東至會稽山陰為浙江。从水，折聲。〔旨熱切〕

【注釋】

今浙江也，又叫錢塘江。見後「漸」字注。

段注：「今俗皆謂錢唐江為浙江，不知錢唐江《地理志》《水經》皆謂之漸江，江至會稽山陰古曰浙江。《說文》浙、漸二篆分舉劃然，後人乃以浙名冒漸，蓋由二水相合。如《吳越春秋》：越王至浙江之上，《史記》：楚威王盡取故吳地至浙江，始皇至錢唐臨浙江，皆謂是也。今則江故道不可考矣。」

涐 é　　水，出蜀汶江徼外，東南入江。从水，我聲。〔五何切〕

【注釋】

即大渡河。

段注：「凡言徼外者，皆謂去其郡縣境不甚遠，如廣漢剛氐道徼外、蜀湔氐徼外，皆是。徼者，張揖曰：塞也，以木柵水為蠻夷界也。」

湔 jiān　水，出蜀郡綿虒玉壘山，東南入江。从水，前聲。一曰：手浣之。〔子仙切〕

【注釋】

本義是水名。「一曰，手浣之」，常用義是洗，《廣雅》：「湔，洒也。」「湔雪」謂洗刷罪名，昭雪冤屈。

沬 mò　水，出蜀西徼外，東南入江。从水，末聲。〔莫割切〕

【注釋】

涐之別名，大渡河也。

若水即青衣江，青衣江和大渡河在四川樂山匯流為岷江，郭沫若的筆名乃故鄉的兩條河流。

溫 wēn　水，出犍為涪，南入黔水。从水，𥁕聲。〔烏魂切〕

【注釋】

即貴州之洪江。段注：「今以為溫暖字，許意當用𥁕為溫暖。」中醫指溫熱病，如「春溫」「冬溫」，後作「瘟」。

灊 qián　水，出巴郡宕渠，西南入江。从水，鬵聲。〔昨鹽切〕

【注釋】

古河名，即潛水，在今四川省。

沮 jū　水，出漢中房陵，東入江。从水，且聲。〔子余切〕

【注釋】

本義是水名，漢水的上游支流。見「漢」字注。

常用義有低濕地帶，如「沮澤」,《詩經》有《汾沮洳》篇,《詩經》:「彼汾沮洳，言采其莫。」「沮洳」謂水邊低濕地。

引申有阻止義，與「勸」相對,《商君書》:「其次，為賞勸罰沮。」引申有停止、終止義,《詩經》:「亂庶遄沮。」引申有壞、敗壞義，今有「沮敗」。《韓非子》:「妄舉，則事沮不勝。」又有喪氣，頹喪義，今有「沮喪」，如「神辱志沮」。

滇 diān　　益州池名。从水，真聲。〔都年切〕

【注釋】

段注:「《南中志》曰：有澤水周回二百里，所出深廣，下流淺狹，如倒流，故曰滇池。」「滇池」，又叫昆明湖。

涂 tú　　水，益州牧靡南山，西北入澠。从水，余聲。〔同都切〕

【注釋】

澠即金沙江也。涂本義是水名。

常用義是道路，又作途、塗。《戰國策》:「假涂滅虢」。又有泥濘義,「涂炭」謂泥濘和炭火也，比喻困苦，如「生靈涂炭」。段注:「按古道塗、塗塈字皆作涂。」

沅 yuán　　水，出牂牁故且蘭，東北入江。从水，元聲。〔愚袁切〕

【注釋】

沅江也，發源於貴州省，流經湖南省入洞庭湖。

《湘夫人》:「沅有芷兮澧有蘭，思公子兮未敢言。」金庸小說《書劍恩仇錄》有女主角李沅芷，暗戀師兄余魚同，未敢輕易言白。此取名之妙也。

淹 yān　　水，出越巂徼外，東入若水。从水，奄聲。〔英廉切〕

【注釋】

金沙江自發源至攀枝花一段叫作淹水。

淹的常用義有浸泡也，劉向《九歎》:「淹芳芷於腐井。」引申出沉溺義，枚乘《七發》:「淹沉之樂。」引申出停留義,《離騷》:「日月忽其不淹兮。」「吳會非我鄉，安得久淹留」。

留則久，故有久、長義,《爾雅》:「淹，久也。」如「無淹思」。久則精深，又引申出精深、深廣義，如「淹通」「淹博」「淹貫」「淹雅」「淹該」等。江淹，即「江郎才盡」者，字文通，名字相因也。

溺 nì　　水，自張掖刪丹西，至酒泉合黎，餘波入於流沙。从水，弱聲。桑欽所說。〔而灼切〕

【注釋】

溺水即弱水。《山海經》:「崑崙之北有水，其力不能勝芥，故名弱水。」常用「弱水三千，只取一瓢飲」，表示對愛情專一。

段注:「按今人用為休沒字，溺行而休廢矣。又用為人小便之尿字，而水名則皆作弱。」引申出過分義，今有「溺愛」「溺信」。流沙者，沙漠也。羅振玉、王國維有《流沙墜簡》。

洮 táo　　水，出隴西臨洮，東北入河。从水，兆聲。〔土刀切〕

【注釋】

洮水是黃河上游最大的支流。

又作為淘之古字，段注:「又為洮頮，又為洮汰、洮米，皆用此字。」後淘洗作淘字，《說文》無淘字。臨洮，洮河穿城而過，故稱。

涇 jīng　　水，出安定涇陽開頭山，東南入渭，雍州之川也。从水，巠聲。〔古靈切〕

【注釋】

泾乃草書楷化俗字。

涇的本義是水名，即涇河，涇河是渭河的支流，因含沙量不一樣，交匯時清濁分明。涇水清，渭水濁，故有「涇渭分明」，然古人認為渭水清，涇水濁。又指直流的水波，《爾雅》:「直波曰涇。」《秋水》:「涇流之大，兩涘渚崖之間不辨牛馬。」又指溝瀆，如「涇瀆」，今上海地名多有帶涇字者。

段注:「《爾雅》: 直波為涇。《釋名》作直波曰涇，云：涇，徑也，言如道徑也。《莊子》: 涇流之大。司馬彪云：涇，通也。《大雅》: 鳧鷖在涇。鄭箋曰：涇，水中也。與下章『沙訓水旁』為反對，謂水中流徑直孤往之波也。今蘇州嘉興溝瀆曰某涇，某涇，亦謂其可徑通。」

渭（篆）wèi　水，出隴西首陽渭首亭南谷，東入河。从水，胃聲。杜林說。《夏書》以為出鳥鼠山，雍州浸也。〔云貴切〕

【注釋】

渭水乃黃河最大支流，乃姜子牙垂釣處，劉少奇原名劉渭璜。

「渭川」即渭水，也稱渭水流域。川，平原也，今有「一馬平川」。王維有《渭川田家》，渭川適宜種竹，故有「渭川千畝」之說，言竹之繁茂也。《史記》：「齊魯千畝桑麻，渭川千畝竹。」《詩經》：「我送舅氏，至於渭陽。」後以「渭陽」代指舅父。

漾（篆）yàng　水，出隴西相道，東至武都為漢。从水，羕聲。〔余亮切〕（篆）古文，从養。

【注釋】

漾水即漢水的上游。今蕩漾字本作羕。段注：「《韓詩》：江之漾矣，以為羕之假借。」

漾常用義為水流長，《爾雅》：「漾，長也。」王粲《登樓賦》：「川既漾而濟深。」又指泛舟，又指水波搖動，今有「蕩漾」「漾舟」。蕩亦有此二義，同步引申也。

漢（篆）hàn　漾也，東為滄浪水。从水，難省聲。〔臣鉉等曰：从難省，當作堇，而前作相承去土从大，疑兼从古文省。〕〔呼旰切〕（篆）古文。

【注釋】

汉乃符號代替俗字。漢可指銀河，「銀漢」「河漢」謂銀河也。「霄漢」，天空也。毛澤東詞：「天兵怒氣衝霄漢。」

段注：「泉始出山為漾，漾言其微，漢言其盛也。蕭何曰：語曰天漢，其名甚美。」

漢江，又稱漢水、漢江河，古稱東漢水，為長江的支流。現代水文認為有三源：中源漾水、北源沮水、南源玉帶河，均在秦嶺南麓陝西寧強縣境內，流經沔縣（今勉縣）稱沔水，東流至漢中始稱漢水。自安康至丹江口段古稱滄浪水，襄陽以下別名襄江、襄水。漢江是長江的支流，在歷史上占居重要地位，常與長江、淮河、黃河並列，合稱「江淮河漢」。

西漢水是嘉陵江的支流，發源於甘肅省天水市秦州區南部西秦嶺齊壽山（古名嶓冢山）。《水經》謂西漢水曰漢水，謂《禹貢》漢水（即今之漢水，古稱東漢水）曰沔水。

浪 𣴎 làng　　滄浪水也，南入江。从水，良聲。〔來宕切〕

【注釋】

漢水之下游謂之滄浪水。

章太炎《小學答問》:「今言波浪，本字云何？黃侃答曰：以雙聲藉為瀾。《說文》：大波為瀾。」大波謂之浪。從良之字多有長義。狼，長脊獸也。

引申放縱義，如「浪遊」「浪費」。「孟浪」謂魯莽、輕率也，如「酒後舉動，過於孟浪」。「孟浪之言」謂大而無當之言也。東北方言的浪無貶義，指豪爽、豪放義，如「大姑娘美，大姑娘浪」。浪有遊玩義，如東北話「往哪浪去」？蕩也有遊玩義，都有放縱義，同步引申也。

段注：「滄浪水也。按據此解可證前後某篆下皆當云某水也，淺人刪之，存一水字，非是。今但為波浪字。」

沔 𣲽 miǎn　　水，出武都沮縣東狼谷，東南入江。或曰：入夏水。从水，丏聲。〔彌兗切〕

【注釋】

本義是水名，沔水，在陝西省，是漢水的上流。見「漢」字注。又指水多貌。

段注：「《小雅》：沔彼流水。毛傳：沔，水流滿也。按許云：濔，水滿也。《詩》之沔，為濔之假借。」

湟 𣸧 huáng　　水，出金城臨羌塞外，東入河。从水，皇聲。〔乎光切〕

【注釋】

本義是水名，是黃河上游支流。又指低窪的地方。今青海西寧市有湟中區。金城，蘭州古稱。

汧 𣲖 qiān　　水，出扶風汧縣西北，入渭。从水，幵聲。〔苦堅切〕

【注釋】

汧水，今千河的古稱，源出甘肅省，流經陝西省入渭河。汧陽縣，今作千陽，在汧水之陽。汧渭，汧水與渭水的並稱，「汧渭之間」代指陝西西部。

澇[篆字]láo　　水，出扶風鄠，北入渭。从水，勞聲。〔魯刀切〕

【注釋】

段注：「《史》《漢》《文選》皆作潦，惟《封禪書》正作澇，按今用為旱澇字。」大波浪謂之澇，木華《海賦》：「飛澇相磢，激勢相沏。」

漆[篆字]qī　　水，出右扶風杜陽岐山，東入渭。一曰：入洛。从水，桼聲。〔親吉切〕

【注釋】

油漆之本字為桼，《說文》：「桼，木汁，可以髹物，象形。」段注：「木汁名桼，因名其木曰桼，今字作漆而桼廢矣。漆，水名也，非木汁也。」

「蘭臺漆書」，東漢時，朝廷對各種經文都有一部標準讀本，用漆書寫藏於蘭臺，稱為「蘭臺漆書」。當時儒生應博士試，名列前茅者可以做官。但他們手中的經書在文字上時有誤差，為了便於應試，常有人賄賂蘭臺掌管漆書的官吏，暗改漆書文字，以與自己的本子相符，以致學者們莫辨真偽。

蔡邕以為「經籍去聖久遠，文字多謬，俗儒穿鑿，疑誤後學」，於靈帝熹平四年，「奏求正定《六經》文字。靈帝許之，邕乃自書於碑，使工鐫刻立於太學門外。於是後儒晚學，咸取正焉。及碑始立，其觀視及摹寫者，車乘日千餘兩，填塞街陌」，這就是「熹平石經」。

滻[篆字]chǎn　　水，出京兆藍田谷，入霸。从水，產聲。〔所簡切〕

洛[篆字]luò　　水，出左馮翊歸德北夷界中，東南入渭。从水，各聲。〔盧各切〕

【注釋】

名叫洛河者有二：一是北洛河，在陝西省北部，注入渭水，此渭水之支流，《說文》所釋即此河。

二是南洛河，發源於陝西省南部，流至河南省西部入黃河，此黃河之支流，古作「雒」，主要是在河南境內。古稱「雒水」，因河南境內的伊河為其重要支流，亦稱伊洛河，或作伊雒河，史書上的洛水、洛河一般指此河。陝西省有洛南市，也寫作「雒南」，就在此河之南。河南省有洛陽，即在洛水之北，也作「雒陽」。

東漢光武帝定居洛邑，漢以火德王，忌水，故去水而加隹，改洛為雒。曹魏以土德王，以土得水而柔，故又除隹加水，改了回來。故東漢時，洛陽又叫「雒陽」，三國時又改回「洛陽」。

裴松之《三國志》注引《魏略》曰：「黃初元年，詔以漢火行也，火忌水，故洛去水而加隹。魏於行次為土，土，水之牡也，水得土而乃流，土得水而柔，故除隹加水，變雒為洛。」

按照鄒衍的說法，五行代表的五種德性是以相剋的關係傳遞的，後世也有人提出五行相生的說法來解釋五德終始。漢初在漢高祖劉邦時，張蒼認為秦國祚太短且暴虐無道，不屬於正統朝代，應該由漢朝接替周朝的火德，所以漢朝之正朔應為水德。到漢武帝時，又認為秦屬於正統朝代，改漢正朔為土德（因土剋水），服色尚黃。直到王莽建立新朝，方才採用劉向劉歆父子說法，認為漢朝屬於火德。漢光武帝光復漢室之後，正式承認了這種說法，從此確立漢朝正朔為火德，東漢及以後的史書如《漢書》《三國志》等皆採用了這種說法。因此漢朝有時也被稱為「炎漢」，又因漢朝皇帝姓劉而稱「炎劉」。

在王莽篡漢之前，一般採用五行相剋說。交替順序為：黃帝（土）→夏（木）→商（金）→周（火）→秦（水）→漢（土）。王莽篡漢後為了證明其政權的合法性，採用了劉向父子的五行相生說，並修改漢朝以前諸朝代的德性，漢繼承周，跳過秦朝。交替順序為：黃帝（土）→夏（金）→商（水）→周（木）→漢（火）。一直到元代皆採此說：漢（火）→曹魏（土）→晉（金）→北魏（水）→北周（木）→隋（火）→唐（土）→後梁（金）→後漢（水）→後周（木）→宋（火）→金（土）→元（金）。自元之後，又變為相剋說：元（金）→明（火）→清（水）。自清以後，又變為相生說：清（水）→中華民國（木，藍旗）→中華人民共和國（火，紅旗）。

淯 yù　水，出弘農盧氏山，東南入海。从水，育聲。或曰：出酈山西。〔余六切〕

汝 rǔ　水，出弘農盧氏還歸山，東入淮。从水，女聲。〔人諸切〕

【注釋】

本義是水名，即汝水，假借為第二稱代詞，借義佔據原字，久借不還。

潩 yì　水，出河南密縣大隗山，南入潁。从水，異聲。〔與職切〕

汾 fén　水，出太原晉陽山，西南入河。从水，分聲。或曰出汾陽北山，冀州浸。〔符分切〕

【注釋】

汾河是黃河第二大支流。分聲，聲兼義。從分之字、之音多有大義，如羒、墳，汾河因大而得名。《詩經》有「汾沮洳」篇，即指汾水。山西汾阳市產汾酒。臨汾在汾水之邊。

段注：「《大雅》：汾王之甥。毛曰：汾，大也。此謂汾即墳之假借也。」

澮 kuài　水，出霍山，西南入汾。从水，會聲。〔古外切〕

【注釋】

本義是水名，今作為甽澮字，大水渠也。段注：「今文《尚書》以甽澮為く巜。巜下又曰：水流澮澮也。澮澮即活活。」

沁 qìn　水，出上黨羊頭山，東南入河。从水，心聲。〔七鴆切〕

【注釋】

本義是水名，假為侵潤字，今有「沁人心脾」。詞牌有沁園春。

段注：「《經典釋文》引郭璞《三蒼解詁》曰：音狗唚之唚。唚今訛作沁。」今河南方言猶有「狗唚食」一詞，謂狗嘔吐也。

沾 tiān（添）　水，出壺關，東入淇。一曰：沾，益也。从水，占聲。〔臣鉉等曰：今別作添，非是。〕〔他兼切〕

【注釋】

沾常用義是浸濕，如「猿鳴三聲淚沾裳」。本字當做霑，《說文》：「霑，雨䨣也。」霑䨣即沾染之本字。引申為布施、給予義，《宋書》：「兩千石長官，並勤勞王務，宜有沾賜。」

常「沾洽」連用，謂廣博也，遍及也，如「雨露沾洽」「皇恩沾洽」「學問沾洽」。沾、洽、浹都有浸濕、普遍義，同步引申也，如「汗流浹背」。「沾醉」謂大醉也，亦廣博義。洽、浹一聲之轉也。

段注：「沾、添古今字。俗製添為沾益字，而沾之本義廢矣。添从忝聲，忝从天聲，古音當在真先部也。《楚辭・大招》：不沾薄只。王曰：『沾，多汁也。薄無味也，其味不濃不薄，適甘美也。』《漢曹全碑》：惠沾渥。《白石神君碑》：澍雨沾洽。《魏受禪表》：玄澤雲行，罔不沾渥。皆即今之添字。竊疑《小雅》：既霑既足，古本當作沾。既瀀既渥，言厚也。既霑既足，言多也。」

潞 lù　　**冀州浸也。上黨有潞縣。从水，路聲。〔洛故切〕**

【注釋】

浸，湖澤也。

漳 zhāng　　**濁漳，出上黨長子鹿谷山，東入清漳。清漳，出沾山大要谷，北入河。南漳，出南郡臨沮。从水，章聲。〔諸良切〕**

淇 qí　　**水，出河內共北山，東入河。或曰：出隆慮西山。从水，其聲。〔渠之切〕**

蕩 dàng　　**水，出河內蕩陰，東入黃澤。从水，蓩聲。〔徒郎切〕**

【注釋】

蕩水，即湯水，今之湯河也。湯陰者，戰國時此地叫蕩陰，名字來源於流經該地的蕩水，因位於蕩水之陰（水南為陰）得名。漢時稱蕩陰縣，唐改名湯陰縣。

段注：「蕩音湯，古音也，後人省艸。古有羑里城，西伯所拘也，假借為浩蕩字，古音亦同。」

湯陰，周文王被紂王所拘之地也，文王在此演八卦為六十四卦。岳飛亦湯陰人，今河南安陽有湯陰縣。安陽又稱為相州，因州有銅雀臺，故又稱為相臺，舊題岳飛孫子岳珂著《相臺書塾刊正九經三傳沿革例》，乃校勘學名著。

蕩，動也，今有「動蕩」，「蕩舟」即搖動舟也。又有放縱義，今有「放蕩」。「蕩然」謂放縱貌，如「蕩然肆志」；又敗壞貌，今有「蕩然無存」。蕩，洗也，除也，今有「滌蕩」，滌亦洗也。今有「掃蕩」，皆掃除義。

蕩，平也。《詩經》：「魯道有蕩，齊子有歸。」今有「坦蕩」。「蕩蕩」謂平也，今有「君子坦蕩蕩」。又廣大貌，如「大海蕩蕩水所歸」。淺水湖謂之蕩，取廣大之義，如「蘆花蕩」「黃天蕩」。

沇 yǎn（兗）　　**水，出河東東垣王屋山，東為泲。从水，允聲。〔以**

轉切〕 古文沇。〔臣鉉等曰：《口部》已有，此重出。〕

【注釋】

重文實沿字也，沇、沿本一字之異體，後分別異用。沇隸變作兗。段注：「古文作㕣，小篆作沇，隸變作兗，此同義而古今異形也。」

泲 jǐ（濟）　沇也，東入於海。从水，𠂔聲。〔子禮切〕

【注釋】

今濟南、四瀆濟水之本字也，濟南因位於濟水之南而得名。

古有四瀆，江、河、淮、濟也，謂國內四條大的河流，獨行達海，故謂之瀆。《三字經》：「曰江河，曰淮濟，此四瀆，文之紀。」今泲水發源於河北省贊皇縣贊皇山，東流注入柏鄉縣東的寧晉泊，今稱為「午河」。今泲水非古「泲水」（濟水）。《說文》之「泲」乃四瀆、濟南之濟，《說文》之「濟」乃今泲水，正好顛倒。

段注：「按四瀆之泲字如此作，而《尚書》《周禮》《春秋三傳》《爾雅》《史記》《風俗通》《釋名》皆作濟。《風俗通》說四瀆曰：『濟出常山房子贊皇山，東入泜。』酈氏譏其誤，亦可證泲字之久不行矣。」

《說文》：「濟，水，出常山房子贊皇山，東入泜。」段注：「按此水名與四瀆之泲字各不同，而經傳皆作濟。《風俗通》遂誤以常山房子之水列入四瀆。」《說文繫傳》：「此非四瀆之濟，四瀆之濟古皆作泲，今人多亂之。」

洈 guǐ　水，出南郡高城洈山，東入繇。从水，危聲。〔過委切〕

溠 zhà　水，在漢南。从水，差聲。荊州浸也。《春秋傳》曰：修塗梁溠。〔側駕切〕

洭 kuāng　水，出桂陽縣盧聚，出洭浦關為桂水。从水，匡聲。〔去王切〕

潓 huì　水，出盧江，入淮。从水，惠聲。〔胡計切〕

灌 guàn　水，出廬江雩婁，北入淮。从水，雚聲。〔古玩切〕

【注釋】

段注：「按今字以為灌注、灌溉之字。」

漸 jiàn　水，出丹陽黟南蠻中，東入海。从水，斬聲。〔慈冉切〕

【注釋】

本義即浙江。《水經注．漸江水》：「漸江，《山海經》謂之浙江也。」古注：「即今之錢塘江，古大江與錢塘江通。」

段注：「蓋浙江者，岷江之委；漸江者，錢唐江源流之總稱。二水古於山陰相合，故河統名之曰浙江。後世水道絕不相通，而錢唐江猶冒浙江之名，失其本號耳。按《走部》有趣字訓進也，今則皆用漸字而趣廢矣。」

今「漸漸」之本字當作「趣」，進也。漸，漬也。有浸濕、浸染義，《詩經》：「淇水湯湯，漸車帷裳。」今有「漸染」。又有流入義，今有「東漸於海」。漸，進也，《周易》：「鴻漸於野。」《圍城》方鴻漸人名亦來源於此。

《宋史》：「日夜謀慮興致太平，然更張無漸。」「無漸」即沒有進展。引申有加重義，今有「疾大漸」。又有欺詐義，《荀子》：「上幽險則下漸詐矣。」

泠 líng　水，出丹陽宛陵，西北入江。从水，令聲。〔郎丁切〕

【注釋】

段注：「按凡清泠用此字，凡樂工伶人，《左傳》用此字。」常用義是清涼，「泠風」謂清涼之風。「泠泠之音」謂聲音清越也。泠有輕義，《逍遙遊》：「列子御風而行，泠然善也。」

潷 pài　水，在丹陽。从水，箄聲。〔匹卦切〕

溧 lì　水，出丹陽溧陽縣。从水，栗聲。〔力質切〕

湘 xiāng　水，出零陵陽海山，北入江。从水，相聲。〔息良切〕

【注釋】

相傳舜的二妃娥皇、女英，因哀痛舜崩殂，自溺於湘江，化為湘水之神，稱為湘靈。《楚辭》有《湘夫人》。

段注：「《詩・召南》：于以湘之，假借為鬺字。」湘者，烹煮也。「湘魚」謂烹魚。

汨 mì　長沙汨羅淵，屈原所沉之水。从水，冥省聲。〔莫狄切〕

【注釋】

汨水，源出湘贛交界處，為汨羅江的上游。經古羅城又稱羅水（一說汨水與羅水合流），下稱汨羅江。

溱 zhēn　水，出桂陽臨武，入匯。从水，秦聲。〔側詵切〕

【注釋】

此水出湖南，非《詩經》之溱水也。見後「潧」字注。

《詩經・鄭風・溱洧》：「溱與洧，方渙渙兮，士與女，方秉蕑兮。」《孟子・離婁下》：「子產聽鄭國之政，以其乘輿濟人於溱洧。」溱水與洧水，在今河南省，詩寫男女春遊之樂，舊注謂其「刺淫亂也」，後因以「溱洧」指淫亂。

「溱溱」，眾多、繁盛貌，如「百穀溱溱，庶卉蕃蕪」；又出汗貌，如「汗出溱溱」；又舒展貌，如「物出溱溱」。皆「蓁蓁」之借也。

深 shēn　水，出桂陽南平，西入營道。从水，罙聲。〔式針切〕

【注釋】

湘水之一支。

段注：「此無深淺一訓者，許意深淺字當作突。」《說文》：「突，深也。」此深淺之本字也。深有茂盛義，杜甫《春望》：「國破山河在，城春草木深。」

潭 tán　水，出武陵鐔成玉山，東入鬱林。从水，覃聲。〔徒含切〕

【注釋】

今貴州柳江。

段注：「按今義訓為深，取从覃之意也，或訓水側，與潯同也。」「潭府」謂稱呼對方府上，潭，深也。「潭淵」謂深淵也。

從覃之字多有深、遠、長義，如譚（談之異體）、嘾（含深也）、瞫（深視也）、簟（竹席也）、醰（酒味苦也）、撢（探也）、鱏（即「鱘」，長魚也）。

油 𣲙 yóu　**水，出武陵孱陵西，東南入江。从水，由聲。〔以周切〕**

【注釋】

本義是水名。常「油然」連用，謂自然而然地，今有「油然而生」。又充盛貌，如「天油然作雲，沛然下雨」。

章太炎《小學答問》:「今以油為膏，本字云何？黃侃答曰：以雙聲藉為腴，《說文》: 腴，腹下肥也。古謂膏為肥，肥可稱膏，亦可稱腴。」

段注 :「按經史曰：油然作雲，曰：雲之油油，曰：禾黍油油，曰：油油以退。《玉藻》注曰：油油，悅敬貌。俗用為油膏字。」

潤 𣸣 mì　**水，出豫章艾縣，西入湘。从水，買聲。〔莫蟹切〕**

【注釋】

同「汨」字。

段注 :「按《水經》言潤不言汨，諸書多言汨不言潤。則潤、汨之為古今字憭然。酈氏云：汨出艾縣，徑羅縣，皆與經言潤同。許書蓋本同《水經》，有潤無汨，而後人妄增汨字，故其文不類許書，屈原所沈，例所不載。」

湞 𣸍 zhēn　**水，出南海龍川，西入溱。从水，貞聲。〔陟盈切〕**

溜 𣹶 liù　**水，出鬱林郡。从水，留聲。〔力救切〕**

【注釋】

段注 :「按今俗訓為水急流。」

瀷 𤄷 yì　**水，出河南密縣，東入穎。从水，翼聲。〔與職切〕**

【注釋】

段注 :「按此瀷字之異體，後人收入，如潤、汨之實一字也。」

潕 𣿅 wǔ　**水，出南陽舞陽，東入穎。从水，無聲。〔文甫切〕**

【注釋】

段注 :「按水名作潕，縣以水得名。而舞陰、舞陽字作舞，當依《漢志》。」

敖 áo　水，出南陽魯陽，入城父。从水，敖聲。〔五勞切〕

瀙 qìn　水，出南陽舞陽中陽山，入潁。从水，親聲。〔七吝切〕

淮 huái　水，出南陽平氏桐柏大復山，東南入海。从水，隹聲。〔戶乖切〕

【注釋】

《爾雅》：「江、淮、河、濟，四瀆也。」段注：「按《禹貢》濰水，《漢書》作維水，其作淮者，誤。」

滍 zhì　水，出南陽魯陽堯山，東北入汝。从水，蚩聲。〔直几切〕

澧 lǐ　水，出南陽雉衡山，東入汝。从水，豊聲。〔盧啟切〕

溳 yún　水，出南陽蔡陽，東入夏水。从水，員聲。〔王分切〕

【注釋】

段注：「按水徑德安府治，即古鄖國也。鄖蓋以水得名，《水經注》曰：隨水至安陸縣故城西入於溳，故鄖城也。」

淠 pèi / pì　水，出汝南弋陽垂山，東入淮。从水，畀聲。〔匹備切〕，又〔匹制切〕

【注釋】

本義是水名。

常用義是舟行貌，《詩經》：「淠彼涇舟。」「淠淠」謂茂盛貌，《詩經》：「有漼者淵，萑葦淠淠。」又飄動貌，《詩經》：「其旂淠淠，鸞聲嘒嘒。」

澺 yì　水，出汝南上蔡黑閭澗，入汝。从水，意聲。〔於力切〕

洶 xì　水，出汝南新郪，入潁。从水，囟聲。〔穌計切〕

【注釋】

段注：「洶、細，皆从囟聲也。古音當在十二部，《前志》及酈作細，洶、細古今字。」

瞿 qú　水，出汝南吳房，入瀙。从水，瞿聲。〔其俱切〕

潁 yǐng　水，出潁川陽城乾山，東入淮。从水，頃聲。豫州浸。〔余頃切〕

【注釋】

浸，池也。潁河乃淮河最大的支流。河南省有臨潁縣，在潁河上游，漢代置縣，以臨潁水得名。

段注：「潁川以水名郡，字當从水，而漢碑郡名多从禾，蓋漢時相習如此寫。如女陽、女陰、舞陽、舞陰以水名縣，而不作汝、潕字也。恐《漢志》《說文》古本郡名亦當从禾耳。」

洧 wěi　水，出潁川陽城山，東南入潁。从水，有聲。〔榮美切〕

【注釋】

見前「溱」字注。

濦 yīn　水，出潁川陽城少室山，東入潁。从水，㥯聲。〔於謹切〕

濄 guō　水，受淮陽扶溝浪湯渠，東入淮。从水，過聲。〔古禾切〕

【注釋】

又音 wō，水流迴旋也，如「江曲濄山下」。

泄 yì　水，受九江博安洵波，北入氐。从水，世聲。〔余制切〕

【注釋】

今安徽的汲河。段注：「《毛詩・大雅》傳曰：泄泄，猶沓沓也。此謂假泄為詍也。」

《說文》：「詍，多言也。」此當洩露之本字也。「泄泄」謂眾多貌，《詩經》：「十畝之外兮，桑者泄泄兮。」又多言貌，《詩經》:「天之方蹶，無然泄泄。」又指和樂貌，《左傳》:「大隧之外，其樂也泄泄。」

汳 biàn（汴）　水，受陳留濬儀陰溝，至蒙為雝水，東入於泗。从水，反聲。〔臣鉉等曰：今作汴，非是。〕〔皮變切〕

【注釋】

段注：「《漢志》作卞，《後漢書》作汴。按卞者，弁之隸變也。變汳為汴，未知起於何代，恐是魏晉都洛陽，惡其从反而改之。舊音切芳萬，今則並其音改之也。」

鵬按：此所謂「音隨形變」也。

潧 zhēn　水，出鄭國。从水，曾聲。《詩》曰：潧與洧，方渙渙兮。〔側詵切〕

【注釋】

今《詩經》作溱，見前「溱」字注。

段注：「鄭國謂周之鄭國，即漢之新鄭也。《鄭語》曰：前華後河，右洛左濟，主芣騩而食溱洧。《水經》曰：『潧水，出鄭縣西北平地。』今溱水在河南開封府密縣，東北流經新鄭縣西北，南流合洧水為雙洎河，而洧盛溱涸矣。」

淩 líng　水，在臨淮。从水，夌聲。〔力膺切〕

【注釋】

「淩」的本義是水名。

「凌」的本義是冰，「陵」的本義是大山，這三個字的本義差別很大，但由於音同形近，在「登」「凌駕」「侵犯」等意義上，三字通用。段注：「《廣韻》曰：淩，歷也。今字今義也。」

濮 pú　水，出東郡濮陽，南入巨野。从水，僕聲。〔博木切〕

【注釋】

水名，即「桑間濮上」之濮，在古衛地。上，水邊也。

桑間在濮水之上，是古代衛國的地方，《禮記・樂記》:「桑間濮上之音，亡國之音也。」古指淫風，後也指男女幽會。今河南省有濮陽市，濮陽者，古稱帝丘，據傳五帝之一的顓頊曾以此為都，故有帝都之譽。濮陽之名始於戰國，因位於濮水之陽（北）而得名。山南水北為陽也。

段注：「《前志》『濮陽』下曰：衛成公自楚丘徙此，故帝丘，顓頊虛。杜預曰：帝丘，昆吾氏因之，故曰昆吾之虛。濮水者，殷紂時師延作靡靡之樂，已而自沉之水也。」商朝滅亡之後，紂王自殺，師延抱著五弦琴跳濮水而死。

濼 luò　　齊魯閒水也。从水，樂聲。《春秋傳》曰：公會齊侯於濼。〔盧谷切〕

【注釋】

段注：「凡陂池，山東名為濼，匹博切，鄴東有鸕鷀濼是也，幽州呼為澱，音殿。按濼、泊古今字，如梁山泊是也。」

漷 kuò　　水，在魯。从水，郭聲。〔苦郭切〕

淨 zhēng / jìng（净）　　魯北城門池也。从水，爭聲。〔士耕切〕，又〔才性切〕

【注釋】

池，護城河。今簡體字作净，古俗字也。乾淨的本字當作瀞，見「瀞」字注。

段注：「按今俗用為瀞字，釋為無垢薉，才性切，今字非古字也。《公羊傳·閔二年》：桓公使高子將南陽之甲，立僖公而城魯。或曰：自鹿門至於爭門者是也。鹿門者，魯南城之東門。爭門者，魯北城之門。天子十二門，通十二子。諸侯大國當是九門，俟考。

淨者，北城門之池。其門曰爭門，則其池曰淨，從爭旁水也。《廣韻》曰：『埩，七耕切，魯城北門池也。《說文》作淨。』蓋古書有作埩門者矣，城北誤倒。」

濕 tà　　水，出東郡東武陽，入海。从水，㬎聲。桑欽云：出平原高唐。〔他合切〕

【注釋】

湿乃草書楷化字形。

濕本義是河名，即漯（音 tà）河，古水名，在山東省。乾濕字本字當作「溼」，

《說文》:「幽溼也。」

段注:「漢隸以濕為燥溼字,乃以漯為泲濕字。累者,俗絫字,於音殊遠隔也。」鈕樹玉《說文解字校錄》:「漢人隸書省一糸,又變曰為田,濕成漯字矣。」

今河南有漯(音 luò)河市,許慎之故鄉也,跟漯水沒有關係,純屬同形字。漯河市有兩條河,沙河和澧河,因二河相匯處,河灣狀似海螺,定名為螺河。明嘉靖三年,山東定陶進士喬遷任郾城知縣,認為「螺」字用於地名不雅,遂改「螺」為「漯」。

泡 pāo　　水,出山陽平樂,東北入泗。从水,包聲。〔匹交切〕

【注釋】

本義是河名,今作為水泡字,即浮漚也。

朱駿聲《通訓定聲》:「浮漚似雹。即雹字之引申。」段注:「按今俗曰包河,又流貌也,或曰浮漚也。」「泡泡」,急流聲,如「河水渾渾泡泡」,《廣雅》:「泡,流也。」

菏 hé　　菏澤,水,在山陽胡陵。《禹貢》:浮於淮泗,達於菏。从水,苛聲。〔古俄切〕

【注釋】

菏澤,古澤名也,今為山東地名。菏水,古水名。菏水為古代連接濟、泗二水,溝通中原與東南地區的重要水道。《禹貢》:「浮於淮泗,達於河。」「河」當從《說文》引作「菏」。

泗 sì　　受泲水,東入淮。从水,四聲。〔息利切〕

【注釋】

本義是水名,後假借表示鼻涕義,今有「涕泗滂沱」。

段注:「自目曰涕,自鼻曰泗。」涕本義是眼淚,後作鼻涕。見「洟」字注。

洹 huán　　水,在齊魯閒。从水,亘聲。〔羽元切〕

【注釋】

洹河,在河南省安陽,也叫「安陽河」。

灉 𢄏 yōng　河灉水，在宋。从水，雝聲。〔於容切〕

澶 𢄏 chán　澶淵水，在宋。从水，亶聲。〔市連切〕

【注釋】

本義是水名。「澶淵」，古地名，又稱澶州，宋遼議和有澶淵之盟。假借為水流緩貌。段注：「澶恬，安流貌。」

洙 𢄏 zhū　水，出泰山蓋臨樂山，北入泗。从水，朱聲。〔市朱切〕

【注釋】

常「洙泗」連言，即洙水和泗水。

古時二水自今山東省泗水縣北合流而下，至曲阜北，又分為二水，洙水在北，泗水在南，春秋時屬魯國地。孔子在洙泗之間聚徒講學，後因以「洙泗」代稱孔子及儒家。清崔述《洙泗考信錄》是一本考核孔子生平事蹟的書籍。

沭 𢄏 shù　水，出青州浸。从水，术聲。〔食聿切〕

沂 𢄏 yí　水，出東海費東，西入泗。从水，斤聲。一曰：沂水出泰山蓋，青州浸。〔魚衣切〕

【注釋】

段注：「按漢人多以為圻堮之圻。」圻堮者，邊際也。

洋 𢄏 yáng　水，出齊臨朐高山，東北入巨定。从水，羊聲。〔似羊切〕

【注釋】

洋的本義是水名，先秦洋無海洋義，「望洋興歎」者，非望著海洋興歎也。

段注：「毛詩《衛風》傳曰：洋洋，盛大也。《魯頌》傳曰：洋洋，眾多也。」《爾雅》：「洋，多也。」「洋洋」，盛大貌。今有「洋洋灑灑」「洋洋大觀」。又有高興貌，今有「得意洋洋」。洋有大義，故借為海洋字。

濁 𢄏 zhuó　水，出齊郡厲媯山，東北入巨定。从水，蜀聲。〔直角切〕

溉 gài　水，出東海桑瀆覆甑山，東北入海。一曰：灌注也。从水，既聲。〔古代切〕

【注釋】

本義是水名。

溉常用義是洗滌，《詩經》:「誰能亨魚，溉之釜鬵。」段注:「多借為濯摡字。」本字當作摡，《說文》:「摡，滌也。」「一曰：灌注也」，即今澆灌義，今有「灌溉」。

濰 wéi　水，出琅邪箕屋山，東入海。徐州浸。《夏書》曰：濰淄其道。从水，維聲。〔以追切〕

浯 wú　水，出琅邪靈門壺山，東北入濰。从水，吾聲。〔五乎切〕

汶 wèn　水，出琅邪朱虛東泰山，東入濰。从水，文聲。桑欽說：汶水出泰山萊蕪，西南入泲。〔亡運切〕

【注釋】

桑欽是東漢著名地理學家，著有《水經》一書。《說文解字》中的引文即出自此書。北魏酈道元給《水經》作注，在流傳過程中，原文與注文多混同，至不能別。注文後出轉精，今《水經注》聞名，《水經》反而不顯。

段注:「按汶水在齊，漢人岷山、岷江字作汶山、汶江，以古音同讀如文之故，謂之假借可也。《考工記》:貉踰汶則死。《淮南子》同。鄭云：汶水在魯北。酈注以入《汶水篇》。《考工記》多齊語，則謂入濟之汶無疑也。殷敬順創為異說，殊非是。」

治 chí　水，出東萊曲城陽丘山，南入海。从水，台聲。〔直之切〕

【注釋】

即今山東大沽河支流小沽河也。

治理謂之治，治理好即平安也謂之治，與「亂」相對，今有「天下大治」「長治久安」。地方政府所在地謂之治，如「縣治」「省治」。段注:「按今字訓理，蓋由借治為理。」

浸 jìn（浸）　水，出魏郡武安，東北入呼沱水。从水，𣳚聲。𣳚，

籀文寖字。〔子鴆切〕

【注釋】

今隸變作浸。

段注：「沉浸、浸淫之字多用此，隸作浸。」常用義是大澤。浸者，淹也，泡也，今有「浸泡」。引申有灌溉義，《詩經》：「滮池北流，浸彼稻田。」又潤澤、滋潤也，今有「浸潤」。

引申有逐漸義，如「浸漸」「交往浸密」。「浸淫」，滲透也，猶河南方言之「漬淫」。又逐漸擴展，接近也，《史記》：「天子始巡郡縣，浸淫於泰山。」浸、漸皆有浸泡、逐漸二義，同步引申也。

湡 yú　水，出趙國襄國之西山，東北入寖。从水，禺聲。〔噳俱切〕

【注釋】

湡水，河北省沙河的古稱。

澌 sī　水，出趙國襄國，東入湡。从水，虒聲。〔息移切〕

【注釋】

澌水，河北省百泉河的古稱。

段注：「《方輿紀要》曰：百泉水，蓋即灃河之上源。引《志》云：百泉水，一名湡水，又名鴛鴦水，《隋志》以為澌水也。」

渚 zhǔ　水，在常山中丘逢山，東入湡。从水，者聲。《爾雅》曰：小洲曰渚。〔章與切〕

【注釋】

常用義是沙洲，本字當作陼。《說文》：「陼，如渚者陼丘，水中高者也。」

段注：「《釋水》曰：水中可居者曰州，小州曰渚。《釋丘》曰：如渚者陼丘，謂在水中高而平，如水中小州然也。許本之為說，今《爾雅》作『小洲曰陼，如陼者陼丘』，溷淆通用。」

洨 xiáo　水，出常山石邑井陘，東南入於泜。从水，交聲。祁國有洨縣。〔下交切〕

【注釋】

古洨水，發源於河北省井陘縣，東南流至瘿陶，即今河北洨河，此許書之洨水也。

安徽亦有洨水，在安徽省宿縣、靈壁縣一帶，一說即今沱河，非許書之洨水也。洨縣，古縣名，西漢置，治今安徽固鎮縣東，北臨洨水，東晉後廢。許慎曾為縣長，故世稱為許洨長，《說文解字》被稱為「洨長之書」。

段注：「井陘，謂石邑之井陘山也。今直隸正定府獲鹿縣縣西南有石邑城。舊志云：洨下流至寧晉縣，注於胡盧河，上源四泉交合，故謂之洨也。沛國洨，見《後志》，《前志》作沛郡洨。凡言有者，皆別於上文之義。應劭云：『洨縣，洨水所出，南入淮。』是別一洨水也。」

濟 jǐ　**水，出常山房子贊皇山，東入泜。从水，齊聲。〔子禮切〕**

【注釋】

本為水名，假借為濟渡字。

常用義有輔助也，今有「無濟於事」「救濟」。得到子女的孝順幫助謂之「得濟」。又有成就義，《三國志》：「夫濟大事必以人為本。」又益也，《爾雅》：「濟，益也。」《周易》：「萬民以濟。」濟有止義，如「大風濟」。有盛義，「濟濟」，眾多貌，今有「人才濟濟」「濟濟一堂」。

濟、泲之辨，見前「泲」字注。今濟南、濟水字本當作泲。今濟水發源於今河南省濟源縣西王屋山，原在山東境內與黃河並行入渤海，後因黃河改道，下游被黃河淹沒。現在黃河下游的河道就是原來濟水的河道。

段注：「按此水名與四瀆之泲字各不同，而經傳皆作濟。《風俗通》遂誤以常山房子之水列入四瀆。」

泜 chí　**水，在常山。从水，氐聲。〔直尼切〕**

【注釋】

泜河，水名，在河北省。

段注：「《風俗通》云：『濟水出常山房子贊皇山，東入沮。』此泜訛作沮也，由書氐作互，遂訛且耳。」

濡 rú　**水，出涿郡故安，東入漆涞。从水，需聲。〔人朱切〕**

【注釋】

本義是水名，假借為沾濕字，今有「濡濕」「耳濡目染」。段注：「今字以濡為沾濡，經典皆然。」

常用義有柔軟、柔順也，《莊子》：「女子以濡弱謙下為表。」有停留、遲滯義，今有「濡滯」。有容忍義，今有「濡忍」。

灅 lěi　水，出右北平浚靡，東南入庚。从水，壘聲。〔力軌切〕

沽 gū　水，出漁陽塞外，東入海。从水，古聲。〔古胡切〕

【注釋】

即今河北之白河。

沽有買賣相反二義，「待價而沽」者，賣也；「沽名釣譽」者，買也。賣酒的人謂之沽，如「屠沽」謂賣酒者和屠者也。

段注：「今直隸之白河，即沽河也。今字以為沽買字，《伐木》鄭箋曰：酤，買也。字从酉。」

沛 pèi　水，出遼東番汗塞外，西南入海。从水，宋聲。〔普蓋切〕

【注釋】

今「顛沛」本字當是跋，「充沛」本字當是勃。

段注：「今字為顛沛，跋之假借也。《大雅・蕩》傳曰：沛，拔也。是也，拔當作跋。又本部「滦」下云：沛之也，即《孟子》『沛然莫之能禦』意，蓋勃然之假借也。」

沛常用義，有雜草叢生的湖泊，《管子》：「焚沛澤，逐禽獸。」又盛大、充足義，今有「沛然」「充沛」。又指行動迅速，《九歌》：「沛吾乘兮桂舟。」

浿 pèi　水，出樂浪鏤方，東入海。从水，貝聲。一曰：出浿水縣。〔普拜切〕

瀤 huái　北方水也。从水，褱聲。〔戶乖切〕

漯 lěi　水，出雁門陰館累頭山，東入海。或曰治水也。从水，纍

聲。〔力追切〕

【注釋】

該字後亦作漯，與漯（tà）水、漯（luò）河字為同形字。

古水名，又名治水，上游為今桑乾河，中段為永定河，下游為海河之河流，發源於山西省神池縣東，向東流經河北省至天津入海。

瀘 jū　水，出北地直路西，東入洛。从水，䖍聲。〔側加切〕

【注釋】

今瀘作為沮之俗字。

段注：「《尚書》某氏傳云：漆沮，一水名，亦曰洛水。《水經》：渭水又東過華陰縣北。注云：『洛水入焉，闞駰以為漆沮之水也。』是則洛水之下流，古稱漆沮，炳焉可信。」

泒 gū　水，起雁門葰人戍夫山，東北入海。从水，瓜聲。〔古胡切〕

【注釋】

泒水，古河名，源出山西省，流至天津入海。「沇泒」指長遠相傳之流派。

滱 kòu　水，起北地靈丘，東入河。从水，寇聲。滱水即漚夷水，并州川也。〔苦候切〕

淶 lái　水，起北地廣昌，東入河。从水，來聲。并州浸。〔洛哀切〕

泥 ní　水，出北地郁郅北蠻中。从水，尼聲。〔奴低切〕

【注釋】

古水名，涇水支流，即今甘肅省慶陽地區的東河及其下流馬連河。

段注：「東河及下流馬蓮河皆即古泥水也。按馬蓮，即馬嶺之轉語。按今字皆用為塗泥字。」

泥常用義，有塗抹也，如「泥牆」「泥爐子」。有固執、死板義，今有「拘泥」。引申有行不通義，《論語》：「致遠恐泥。」引申有軟求、纏住不放義，元稹《遣悲懷》：「泥他沽酒拔金釵。」《老殘遊記》：「翠環仍泥著不肯去。」今方言詞有「纏泥」，取親近、挨近義。今「膩歪」「親昵」，泥、膩、昵同源也。

湳 nǎn　**西河美稷保東北水。从水，南聲。〔乃感切〕**

溤 yān　**水，出西河中陽北沙，南入河。从水，焉聲。〔乙乾切〕**

涶 tuō　**河津也，在西河西。从水，垂聲。〔土禾切〕**

【注釋】

黃河渡口名。又作為唾之異體，《口部》重出。吐出謂之唾，《禮記》：「讓食不唾。」引申輕視、鄙棄義，今有「唾棄」。

旟 yú　**水也。从水，旟聲。〔以諸切〕**

【注釋】

小徐本作「水名也」。

洵 xún　**過水中也。从水，旬聲。〔相倫切〕**

【注釋】

本義是水名。常用義是確實，見前「恂」字注。

段注：「經有假借洵為均者，如『洵直且侯』是也。有假為恂者，如『洵美且都』『洵盱且樂』是也。有假為敻者，如『于嗟洵兮』，即《韓詩》之『於嗟敻兮』是也。有假為泫者，《國語》『無洵涕』是也。」

涻 shè　**水，出北囂山，入邙澤。从水，舍聲。〔始夜切〕**

汈 niàn　**水也。从水，刃聲。〔乃見切〕**

【注釋】

小徐本作「水名也」。段注：「又沴汈與澳涊同。沴涊，濕相箸也，亦垢濁也。」

淔 zhí　**水也。从水，直聲。〔恥力切〕**

【注釋】

小徐本作「水名也」。

淁 qiè　水也。从水，妾聲。〔七接切〕

【注釋】

小徐本作「水名也」。

浘 jū　水也。从水，居聲。〔九魚切〕

【注釋】

小徐本作「水名也」。

洎 jì　水也。从水，臮聲。〔其冀切〕

沋 yóu　水也。从水，尤聲。〔羽求切〕

洇 yīn　水也。从水，因聲。〔於真切〕

淉 guǒ　水也。从水，果聲。〔古火切〕

涢 suǒ　水也。从水，貨聲。讀若瑣。〔穌果切〕

浝 máng　水也。从水，尨聲。〔莫江切〕

涊 nǒu　水也。从水，乳聲。〔乃后切〕

【注釋】

段注：「或以為『酒醴維醹』之醹。」酒味醇厚。

汷 zhōng　水也。从水，夂聲。夂，古文終。〔職戎切〕

洦 pò（泊）　淺水也。从水，百聲。〔匹白切〕

【注釋】

俗字作泊，亦厚薄之本字也。

薄之本義是「林薄也」，即叢生的草木，非本字明矣。今酒店門口常有「禁止泊車」字樣，「泊車」即停車也，泊本有停止義，受英文「park」之觸發，這一文言詞語又回復到日常口語中了。

段注：「此字古泊字也。《說文》作洦，隸作泊，亦古今字也。淺水易停，故泊又為停泊。淺作薄，故泊亦為厚薄字，又以為憺怕（淡泊）字。」

汘 qiān　　水也。从水，千聲。〔倉先切〕

洍 sì　　水也。从水，𦣞聲。《詩》曰：江有洍。〔詳里切〕

【注釋】

今《詩經》作「江有汜」。或作「汜」，《說文》：「汜，水別復入水也。」謂由主流分出又流回主流的岔流，即分流水。

段注：「此蓋三家詩。下文引『江有汜』，則毛詩也。云：汜，水別復入水也，而證以『江有汜』，此言轉注也。云：洍，水名，而證以『江有洍』，此言假借也。」

澥 xiè　　郣澥，海之別也。从水，解聲。一說：澥即澥谷也。〔胡買切〕

【注釋】

渤澥，古代海的另稱，又渤海的古稱。渤海灣是大海的一個港汊，故古名勃澥。今糊狀物、膠狀物由稠變稀謂之澥。

段注：「沱，江之別者也。海之別猶江之別，勃澥屬於海，而非大海。猶沱屬於江，而非大江也。《說文》或言屬，或言別，言屬而別在其中，言別而屬在其中。此與稗下云『禾別』正同。《漢書·子虛賦》音義曰：勃澥，海別枝也。《齊都賦》注曰：海旁曰勃，斷水曰澥。」

漠 mò　　北方流沙也。一曰：清也。从水，莫聲。〔慕各切〕

【注釋】

本義是沙漠。流沙者，沙漠之舊稱也。羅振玉、王國維有《流沙墜簡》，收錄出土於我國西北地區的簡牘。

「一曰：清也」，清者，靜也，謂寂靜無聲也。《楚辭》：「野寂漠其無人。」該義後作「寞」。「漠然」謂寂靜無聲也，《莊子》：「老子漠然不應。」「漠漠」，迷蒙貌，如「平林漠漠煙如織」。段注：「《漢書》亦假幕為漠。一曰：清也。《毛詩》傳曰：莫莫言清靜。」

從莫之字多有覆蓋、包裹義，如饃（最初的饅頭是有餡的，今溫州把包子叫饅頭，把饅頭叫作實心包）、幕、暮、墓等。

海 hǎi　　**天池也，以納百川者。从水，每聲。〔呼改切〕**

【注釋】

天然的大池。引申為大，今有「海量」「海碗」「方面海口」。今北方的湖多謂之海，如北海、什刹海、青海湖，蘇武牧羊的北海即貝加爾湖。

段注：「《爾雅》：九夷、八狄、七戎、六蠻，謂之四海。此引申之義也，凡地大物博者，皆得謂之海。」

溥 pǔ　　**大也。从水，尃聲。〔滂古切〕**

【注釋】

《爾雅》：「溥，大也。」《詩經》：「溥天之下，莫非王土。」從尃之字多有散開、大義，如敷、博等。

灠 ǎn　　**水大至也。从水，闇聲。〔乙感切〕**

洪 hóng　　**洚水也。从水，共聲。〔戶工切〕**

【注釋】

本義是洪水。引申為大。

段注：「《堯典》《咎繇謨》皆言洪水，《釋詁》曰：洪，大也。引申之義也。《孟子》以洪釋洚，許以洚釋洪，是曰轉注。大壑曰谼，字亦作洪。」

洚 hóng / jiàng　　**水不遵道。一曰：下也。从水，夅聲。〔戶工切〕，又〔下江切〕**

【注釋】

本義是大水泛濫，「洚水」即洪水。「洚洞」，彌漫無際貌。「一曰：下也」，洚又寫作降，《尚書》:「降水儆予。」

段注:「《孟子·滕文公》篇:《書》曰:洚水警予。洚水者，洪水也。《告子篇》:水逆行謂之洚水。洚水者，洪水也。水不遵道，正謂逆行，惟其逆行，是以絕大。洚、洪二字義實相因。一曰：下也。此別一義，洚與夅、降音義同。」

衍 yǎn　水朝宗于海也。从水，从行。〔以淺切〕

【注釋】

本義是水流向大海。

朝宗，同義連文，古者諸侯見天子也。引申出擴展，今有「衍生」，引申出繁多、豐富，今有「繁衍」，衍者，繁也。古籍中多出來的字叫作「衍文」。水流平，故又引申出平坦義。

段注:「海潮之來，旁推曲暢，兩厓渚涘之間不辨牛馬，故曰衍。引申為凡有餘之義，假羨字為之。洐字水在旁，衍字水在中，在中者，盛也，會意。」

淖 cháo（潮）　水朝宗于海。从水，朝省。〔臣鉉等曰:隸書不省。〕〔直遙切〕

【注釋】

今作潮字。

段注:「《說文》無濤篆，蓋濤即淖之異體。濤古當音稠。淖者，倝（朝）聲，即舟聲。蓋淖者古文，濤者秦字，枚乘《七發》觀濤即為觀淖。」

濥 yǐn　水脈行地中濥濥也。从水，夤聲。〔弋刃切〕

【注釋】

濥濥，動貌。寅有動義，農曆的正月為寅月，即建寅之月，春氣萌動也。濥者，引也。引者，長也。夤夜，深夜也。

滔 tāo　水漫漫大貌。从水，舀聲。〔土刀切〕

【注釋】

本義是水大。

引申出漫、充滿義，今有「罪惡滔天」「白浪滔天」。怠慢、不認真亦謂之滔，《左傳》:「士不濫，官不滔。」段注:「《堯典》: 浩浩滔天。按漫漫當作曼曼，許書無漫字。」

涓 juān　　小流也。从水，肙聲。《爾雅》曰：汝為涓。〔古玄切〕

【注釋】

本義是小水流，今有「涓涓細流」。「涓滴」謂極小量的水，引申為極少，今有「涓滴歸公」。從肙之字多有小義，如狷（褊急也）、鋗（小盆也）。段注:「凡言涓涓者，皆謂細小之流。」

涓有選擇義，左思《魏都賦》:「涓吉日。」今有「涓吉」，謂選擇好日子。又有除去、清除義，當通「捐」。「涓潔」謂潔淨清潔。「涓人」謂古代宮中擔任灑掃清潔的人。

混 hùn　　豐流也。从水，昆聲。〔胡本切〕

【注釋】

本義是大的水流。

《上林賦》:「汩乎混流，順阿而下。」此滾之古字也，《說文》無滾字。滾的本義是水流翻滾，詩有「滾滾長江東逝水」。混濁字本字作溷，《說文》:「溷，亂也。一曰：水濁貌。」從昆之字多有大義，昆，大也，如焜（煌也）。

段注:「《孟子》曰：源泉混混。古音讀如衮，俗字作滾。《山海經》曰：其源渾渾泡泡。郭云：水濆湧也。渾渾者，假借渾為混也。今俗讀戶衮、胡困二切。訓為水濁，訓為雜亂，此用混為溷也。《說文》混、溷義別。」

潒 dàng　　水潒瀁也。从水，象聲。讀若蕩。〔徒朗切〕

【注釋】

潒瀁，今作蕩漾。此蕩漾字之本字也，蕩、漾乃水名，非本字明矣。

段注:「瀁者，古文為漾水字，隸為潒瀁字，是亦古今字也。潒瀁疊韻字，搖動之流也，今字作蕩漾。」

漦 chí　　順流也。一曰：水名。从水，𠩺聲。〔俟甾切〕

【注釋】

本義是滲流。常用義指傳說龍所吐的涎沫，泛指涎液。

段注：「順下之流也。《釋言》曰：漦，盝也。盝同漉洒之漉。《國語》《史記》：龍漦。韋昭曰：漦，龍所吐沫。按龍沫必徐徐漉下，故亦謂之漦。」

汭 rùi　　水相入也。从水，从內，內亦聲。〔而銳切〕

【注釋】

內，入也。本義是水流彎曲的地方。「嬀汭」即嬀水彎曲處，舜居於此地。堯嫁之以娥皇、女英，後以「嬀汭」作為二女的代稱。

段注：「《大雅》之汭，亦作芮。毛云：水厓也。鄭云：汭之言內也。杜氏或云水內也，或云水之隈曲曰汭，大意與《大雅》鄭箋相近。鄭箋之言云者，謂汭即內也。」

潚 sù　　深清也。从水，肅聲。〔子叔切〕

【注釋】

水清而深也。今作瀟字，《說文》原無瀟字，徐鉉新附之，「瀟，水名也。」瀟湘水字本亦當作潚，瀟湘得名於其水清澈。

段注：「《中山經》曰：澧沅之風交潚湘之浦。《水經注・湘水篇》曰：二妃出入潚湘之浦。潚者，水青深也。《湘中記》云：『湘川清照五六丈，下見底石，如摴蒲矢，五色鮮明，是納潚湘之名矣。』據善長說，則潚湘者猶云清湘，其字讀如肅，亦讀如蕭。自景純注《中山經》云潚水今所在未詳，始別潚湘為二水。俗又改潚為瀟，其謬日甚矣。」

段注：「《詩・鄭風》：風雨潚潚。毛云：暴疾也。水之清者多駛，《方言》云：清，急也。是則《說文》、毛傳二義相因。」「風雨瀟瀟」本字亦當作潚。

演 yǎn　　長流也。一曰：水名。从水，寅聲。〔以淺切〕

【注釋】

本義是長的流水。

木華《海賦》：「東演析木。」引申為濕潤、滲透義，《國語》：「水土演而民用也。」引申為擴展、延及義，《小爾雅》：「演，廣也。」司馬遷《報任安書》：「文王拘而演《周易》。」今有「推演」「演繹」。

渙 huàn　　流散也。从水，奐聲。〔呼貫切〕

【注釋】

本義是水大。從奐之字多有大義，見前「奐」字注。常「渙渙」連用，《詩經》：「溱與洧，方渙渙兮。」大則易散，故引申出分散義，今有「渙散」。

段注：「《毛詩》曰：渙渙，春水盛也。《周易》曰：風行水上，渙。又曰：說而後散之，故受之以渙。渙者，離也。」

泌 bì　　俠流也。从水，必聲。〔兵媚切〕

【注釋】

俠者，輕快也。《玉篇》作狹流，本義是水流快。《詩經》：「泌之洋洋，可以樂饑。」水大則流快，從必之字多有大義，見前「佖」字注。

段注：「俠流者，輕快之流，如俠士然。《魏都賦》李注引作駃流，非善本。《陳風》：泌之洋洋。毛曰：泌，泉水也。」

活 guō　　水流聲。从水，昏聲。〔古活切〕活，或从聒。

【注釋】

本義是水流聲，今有「水流活活」。段注：「引申為凡不死之稱。」

湝 jiē　　水流湝湝也。从水，皆聲。一曰：湝湝，寒也。《詩》曰：風雨湝湝。〔古諧切〕

【注釋】

湝湝，水流眾多貌，如「淮水湝湝」。

段注：「《小雅》：淮水湝湝。毛曰：湝湝，猶上文湯湯也。《廣雅》曰：湝湝，流也。」

泫 xuàn　　湝流也。从水，玄聲。上黨有泫氏縣。〔胡畎切〕

【注釋】

常用義是水珠下滴貌，如「岩下雲方合，花上露猶泫」。今有「泫然流涕」。又指流淚，如「心淒目泫」。

段注：「涾當作潸，字之誤也。《檀弓》曰：孔子泫然流涕。《魯語》：無洵涕。韋曰：無聲涕出為洵涕。按洵者，泫之假借字也。《文選》詩曰：花上露猶泫。」

淲 biāo　　水流貌。从水，彪省聲。《詩》曰：淲沱北流。〔皮彪切〕

【注釋】

今《詩經》作滮，毛傳：「滮，流貌。」

淢 yù　　疾流也。从水，或聲。〔于逼切〕

【注釋】

「淢汩」謂急流貌。

段注：「急疾之流也，《江賦》：溭淢濜涓。是其義也。《毛詩》：築城伊淢。假借淢為洫也。」

瀏 liú　　流清貌。从水，劉聲。《詩》曰：瀏其清矣。〔力久切〕

【注釋】

本義是水清澈貌。又指風刮得緊，如「秋風瀏以肅肅」。今作「瀏覽」字，瀏者，大略看也。

段注：「《鄭風》曰：溱與洧，瀏其清矣。毛曰：瀏，深貌。謂深而清也。」

濊 huò　　礙流也。从水，薉聲。《詩》云：施罟濊濊。〔呼括切〕

【注釋】

今《詩經》作「濊濊」，撒網入水也。

滂 pāng　　沛也。从水，旁聲。〔臣鉉等曰：今俗別作雱霈，非是。〕〔普郎切〕

【注釋】

本義是水大貌。從旁之字多有大義，見前「騯」字注。

汪 wāng　　深廣也。从水，㞷聲。一曰：汪，池也。〔烏光切〕

【注釋】

本義是深廣，今有「汪洋大海」。

又指污濁的小水坑，《通俗文》：「渟水曰汪。」今俗語謂小水聚曰汪，「汪坑」謂水坑。引申為液體聚集在一個地方，如「地上汪著水」「眼淚汪汪」。又作量詞，用於液體，如「一汪水」。

漻 liáo　清深也。从水，翏聲。〔洛蕭切〕

【注釋】

本義是水清澈貌。《廣雅》：「漻，清也。」又流動也，「漻淚」，水急流貌，張衡《南都賦》：「漻淚淢汩。」

段注：「按《李善》引《韓詩內傳》：漻，清貌也。蓋《鄭風》毛作瀏，韓作漻，許謂二字義別。」

泚 cǐ　清也。从水，此聲。〔千禮切〕

【注釋】

本義是水清。又指汗水流出貌，如「六月農夫汗流泚」。「泚筆」謂用筆蘸墨，如「泚筆作書」。

段注：「此本義也，今《詩》：新臺有泚。毛曰：泚，鮮明貌。此假泚為玼也。」《說文》：「玼，玉色鮮也。《詩》曰：新臺有玼。」

況 kuàng（况）　寒水也。从水，兄聲。〔許訪切〕

【注釋】

簡化字作况，俗字也。本義未見用例。

今假借為虛詞何況義。況者，比也，今有「以古況今」，修辭手法有「比況」。又情形也，如「情況」「今況如何」。副詞更加也，《國語》：「眾況厚之。」

沖 chōng（冲）　涌搖也。从水、中。讀若動。〔直弓切〕

【注釋】

簡化字作冲，俗字也。本義是水動搖。

衝撞字本當作「衝」。「沖」「衝」之辨，見「衝」字注。沖有虛、空虛義，《老子》:「大盈若沖。」《笑傲江湖》任盈盈、令狐沖名字本此。武當派有沖虛道長。本字當作「盅」,見「盅」字段注。引申謙虛義,如「謙沖」。引申年幼義,如「沖藐」謂年齡小,「沖人」謂幼童,如「藐藐沖人,未達朱紫」。

段注:「《小雅》曰:攸革衝衝。毛云:衝衝,垂飾貌。此湧搖之義。《豳風》傳曰:衝衝,鑿冰之意。義亦相近。《召南》傳曰:忡忡,猶衝衝也。忡與沖聲義皆略同也。凡用沖虛字者,皆盅之假借。《老子》:道盅而用之。今本作沖是也。《尚書》沖人,亦空虛無所知之意。」

汎 fàn　　浮貌。从水,凡聲。〔孚梵切〕

【注釋】

《說文》:「泛,浮也。」「氾,濫也。」

汎、氾、泛三字古有別,汎、泛實為一字之異體,但汎不能作泛濫講,氾只當泛濫講,不能用為廣泛、泛舟講。泛字皆可。但在實際運用中,三字多相混。

沄 yún　　轉流也。从水,云聲。讀若混。〔王分切〕

【注釋】

「轉流」者,謂水流動,「沄沄」常連用。

從云之字多有流動、眾多義,如囩(回也)、䢵(物數紛䢵亂也)、芸(艸也,可以起死回生)。

浩 hào　　澆也。从水,告聲。《虞書》曰:洪水浩浩。〔胡老切〕

【注釋】

澆也,段注改作沆也,可取。本義是水大貌。引申為大、多義,李白詩:「露浩梧楸白。」

沆 hàng　　莽沆,大水也。从水,亢聲。一曰:大澤貌。〔胡朗切〕

【注釋】

本義是大水貌。段注:「《風俗通·山澤篇》曰:傳曰沆者,莽也。言其平望莽莽,無涯際也。」

從亢之字多有大義,見前「亢」「伉」字注。常「沆莽」「漭沆」連用,謂廣闊無邊也。「沆瀣」謂夜間之水氣。今有「沆瀣一氣」，謂臭味相投也。

泬 xuè　水从孔穴疾出也。从水，从穴，穴亦聲。〔呼穴切〕

【注釋】

段注：「《釋水》曰：氿泉穴出。按此會意字，其《韓詩》之回泬，《楚辭》之泬寥，皆假借也。」

濞 bì　水暴至聲。从水，鼻聲。〔匹備切〕

【注釋】

形容水流洶湧奔至所發出的聲音。

段注：「《上林賦》：滂濞沆溉。司馬彪曰：滂濞，水聲也。《洞蕭賦》：澎濞慷慨，一何壯士。《高唐賦》：濞洶洶其無聲。按滂、濞雙聲，澎與滂同。」

灂 zhuó　水小聲。从水，爵聲。〔士角切〕

【注釋】

段注：「古書多瀺灂連文。瀺，士湛反；灂，士卓反。雙聲字。《高唐賦》：巨石溺溺之瀺灂。注引《埤蒼》：瀺灂，水流聲貌。《上林賦》：瀺灂霄隊。司馬貞引《說文》：水之小聲也，李善引《字林》：瀺灂，小水聲也。」

潝 xī　水疾聲。从水，翕聲。〔許及切〕

滕 téng　水超涌也。从水，朕聲。〔徒登切〕

【注釋】

超，跳也。《孟子》：「挾泰山而超北海。」本義是水往上跳湧，泛指跳，今有「龍騰虎躍」，騰，跳也。本字當作滕，《說文》：「騰，傳也。一曰：犗馬。」非本字明矣。

段注：「《小雅》：百川沸騰。毛傳：沸，出也。騰，乘也。騰者滕之假借。」

潏 jué　湧出也。一曰：水中坻，人所為，為潏。一曰：潏，水名，在京兆杜陵。从水，矞聲。〔古穴切〕

【注釋】

本義是水湧出，見「減」字注。

洸𣲷guāng　　**水涌光也。从水，从光，光亦聲。《詩》曰：有洸有潰。〔古黃切〕**

【注釋】

本義是水波湧動閃光。郭璞《江賦》：「澄澹汪洸。」段注：「《大雅》：武夫洸洸。毛曰：洸洸，武貌。此引申假借之義。」

波𣲷bō　　**水涌流也。从水，皮聲。〔博禾切〕**

【注釋】

王安石晚年作《字說》，多把形聲字當會意字拆字解讀。謂「坡者，土之皮也，波者，水之皮也」，蘇軾笑之云：「滑者，水之骨乎？」王安石無言以對。王安石一日問東坡曰：「鳩字何以從九？」東坡戲之曰：「《詩》云：鳴鳩在桑，其子七兮。連娘帶爺，恰是九個。」荊公欣然而聽，久之，始悟其謔。

段注：「《左傳》：其波及晉國者。《莊子》：夫孰能不波。皆引申之義也。又假借為陂字，見《漢書》。」

澐𣲷yún　　**江水大波謂之澐。从水，雲聲。〔王分切〕**

【注釋】

本義是大波浪。

瀾𣲷lán（漣）　　**大波為瀾。从水，闌聲。〔洛干切〕**𣲷**瀾，或从連。〔臣鉉等曰：今俗音力延切。〕**

【注釋】

瀾是大波浪，《爾雅》：「大波謂之瀾。」「瀾汗」謂水勢浩大貌。今有「波瀾壯闊」「力挽狂瀾」，毛澤東詞：「翻江倒海卷巨瀾。」今人有范文瀾、于安瀾。

瀾、漣本一字之異體，後分別異用。漣漣，流淚貌。「瀾瀾」即漣漣也，元稹詩：「烏啼啄啄淚瀾瀾。」水大謂之瀾漫，顏色亮謂之爛漫，同源詞也。

段注：「《魏風》：河水清且漣猗。《釋水》引作瀾，云：大波為瀾。毛傳云：風行水成文曰漣。按傳下文云：淪，小風水成文。則瀾為大可知，與《爾雅》無二義也。凡瀾漫當作此瀾字。古闌、連同音，故瀾、漣同字，後人乃別為異字異義異音。」

淪 lún　　小波為淪。从水，侖聲。《詩》曰：河水清且淪漪。一曰：沒也。〔力迍切〕

【注釋】

沦乃草書楷化字形。小的波浪為淪，從侖之字多有次序義，見前「侖」字注。常用義是沉沒，如「沉淪」「淪陷」。

段注：「《毛詩》：漣猗、直猗、淪猗，猗與兮同，漢石經《魯詩》殘碑作『兮』，可證後人妄加水作漪。《吳都賦》乃有『刷蕩漪瀾』『濯明月於漣漪』之句，其繆甚矣。」

漂 piāo / piào　　浮也。从水，票聲。〔匹消切〕，又〔匹妙切〕

【注釋】

本義是漂浮。

漂，搖也。有搖動義，楊雄《長楊賦》：「橫巨海，漂崑崙。」今有「漂搖」。「漂然」，高遠貌，如「漂然有神仙之概」。常用義洗也，典故有「漂母飯韓信」。

段注：「《鄭風》：風其漂女。毛曰：漂猶吹也。按上章言吹，因吹而浮，故曰猶吹。凡言猶之例視此。漂潎，水中擊絮也，《莊子》曰洴澼。」

「漂」有漂練義，即「水中擊絮曰漂」，是古代紡織上的漂練生產活動，指水練、捶擊練，是「練」的一種，見「練」字注。即水洗，捶擊麻絮，除去雜質污物，使纖維分細柔軟。《莊子》「洴澼絖」即此事，非一般的浣洗。或謂「漂母飯韓信」亦非洗衣也。

浮 fú　　泛也。从水，孚聲。〔縛牟切〕

【注釋】

漂浮則多，故引申出多義，今有「人浮於事」「浮額」。

濫 làn　　氾也。从水，監聲。一曰：濡上及下也。《詩》曰：觱沸濫泉。一曰：清也。〔盧瞰切〕

【注釋】

本義是水泛濫。

引申出過度義，如「濫用」「寧缺毋濫」。華而不實亦謂之濫，如「陳詞濫調」。引申出浮、漂浮義，「濫觴」謂河流發源處水很少，僅能浮起酒杯，後喻為事物開端。濫，浮也。浮有多、超過義，濫也有過度、超過義，二詞又有漂浮義，同步引申也。

氾 fàn　　濫也。从水，㔾聲。〔孚梵切〕

【注釋】

氾、泛、汎三字之辨，見前「汎」字注。

泓 hóng　　下深貌。从水，弘聲。〔烏宏切〕

【注釋】

本義是水深而廣。弘，大也，聲兼義。

湋 wéi　　回也。从水，韋聲。〔羽非切〕

【注釋】

從韋，聲兼義。

測 cè　　深所至也。从水，則聲。〔初側切〕

【注釋】

測量深度所到的地方。

「測」有盡義，《淮南子·齊俗》：「故聖王執一而勿失，萬物之情既矣，四夷九州服矣。」《群書治要》引此文「既」作「測」，《淮南子·原道》《主術》的「深不可測」高誘注「測」為盡。後人只知「既」有盡義，而不知「測」有盡義，於是以其所知而改其所不知，古書訛誤的一般規律如是。

段注：「深所至謂之測，度其深所至亦謂之測。猶不淺曰深，度深亦曰深也。今則引申之義行而本義隱矣。《呂覽》：昏乎其深而不測。高云：測，盡也。此本義也。」

湍 tuān　　疾瀨也。从水，耑聲。〔他端切〕

【注釋】

「湍瀨」謂石灘上的急流。

淙 cóng　水聲。从水，宗聲。〔藏宗切〕

【注釋】

本義是水流聲，今有「流水淙淙」「淙潺」。又指流水、急流，「懸淙」謂瀑布也。

激 jī　水礙衺疾波也。从水，敫聲。一曰：半遮也。〔古歷切〕

【注釋】

本義是阻遏水流，使騰湧、飛濺。

《孫子兵法》：「激水之疾，至於漂石者，勢也。」用的正是本義。常用義有急也，今有「清流激湍」。又指聲調的高亢，今有「激越」「激昂」，同義連文。今「激烈」者，水急火猛也。遮，礙阻也。徼、邀有阻礙義，皆同源詞也。

段注：「當依《眾經音義》作『水流礙邪急曰激也』。水流不礙則不衺行，不衺行則不疾急。《孟子》：激而行之，可使在山。《賈子》曰：水激則旱兮，矢激則遠。一曰：半遮也，此亦有礙之意，與徼、邀音義略同。」

洞 dòng　疾流也。从水，同聲。〔徒弄切〕

【注釋】

本義是激流，引申為快。又作動詞穿透義，毛澤東詞：「彈洞前村壁。」深入、透徹亦謂之洞，今有「洞若觀火」「洞察」「洞曉」。

段注：「此與《辵部》迵、《馬部》駧音義同，引申為洞達，為洞壑。」

潘 fān　大波也。从水，旛聲。〔孚袁切〕

洶 xiōng（汹）　涌也。从水，匈聲。〔許拱切〕

【注釋】

本義是水往上湧。今作汹，俗字也。

涌 yǒng（湧）　滕也。从水，甬聲。一曰：涌水，在楚國。〔余隴切〕

【注釋】

滕，水向上跳也。見「滕」字注。

湁 chì　湁湒，沸也。从水，拾聲。〔丑入切〕

【注釋】

湁湒，指水細湧之貌。

涳 qiāng / kōng　直流也。从水，空聲。〔苦江切〕，又〔哭工切〕

汋 zhuó　激水聲也。从水，勺聲。井一有水一無水，謂之瀱汋。〔市若切〕

瀱 jì　井一有水一無水，謂之瀱汋。从水，罽聲。〔居例切〕

【注釋】

一，或也。「瀱汋」謂井水時有時竭，又指泉水湧出貌。

段注：「劉氏《釋名》說其義曰：罽，竭也。汋，有水聲汋汋也。然則瀱謂一無水，汋謂一有水。」

渾 hún　混流聲也。从水，軍聲。一曰：洿下貌。〔戶昆切〕

【注釋】

盛大的水流聲，常「渾渾」連用。

今有簡直義，杜甫詩：「渾欲不勝簪。」又有全部義，今有「渾身」「渾然不覺」。水渾謂之渾，人糊塗不明事理亦謂之渾，今有「渾蛋」「渾話」「渾人」。

段注：「酈善長謂二水合流為渾濤，今人謂水濁為渾。」

洌 liè　水清也。从水，列聲。《易》曰：井洌，寒泉，食。〔良薛切〕

【注釋】

今有「清洌」。

段注：「案許書有洌、冽二篆，《毛詩》有冽無洌，冽彼下泉，傳云：冽，寒也。有冽氿泉，傳云：冽，寒意。二之日凓冽，傳云：凓冽，寒氣也。皆不从水。《東京賦》：玄泉洌清。薛曰：洌，清澄皃。」

淑 shū　　**清湛也。从水，叔聲。〔殊六切〕**

【注釋】

湛者，清也，深也。段注：「湛，沒也。湛、沈古今字，今俗云深沉是也。《釋詁》曰：淑，善也。此引申之義。」淑女之本字當作「俶」，《說文》：「俶，善也。」

段注：「《釋詁》、毛傳皆曰：淑，善也。蓋假借之字，其正字則俶也。淑者，水之清湛也。自淑行而俶之本義廢矣。」段注前後矛盾，當以假借為是。

溶 yǒng / róng　　**水盛也。从水，容聲。〔余隴切，又音容〕**

【注釋】

溶溶，水盛大流動貌。從容聲，兼義也。搈，動也，今「動容」之本字也。

段注：「《甘泉賦》：溶方皇於西清。善曰：溶，盛皃也。按今人謂水盛曰溶溶。」

澂 chéng（澄）　　**清也。从水，徵省聲。〔臣鉉等曰：今俗作澄，非是。〕〔直陵切〕**

【注釋】

今俗字作澄，然澄不能作人名，如吳大澂、蔣海澂（艾青）等。近代有張心澂，著《偽書通考》。今道長有張高澄，似亦當作澂。

段注：「《方言》曰：澂，清也。澂、澄古今字。」

清 qīng　　**朗也，澂水之貌。从水，青聲。〔七情切〕**

【注釋】

朗者，明也。本義是水清。常用義有靜也，今有「清淨」「清夜」；清高、清廉也，今有「清士」；又有太平義，今有「四海晏清」「清平世界」；又涼爽也，今有「清爽」「清秋」。

段注：「引申之，凡潔曰清，凡人潔之亦曰清，同瀞。」

湜 shì　　**水清底見也。从水，是聲。《詩》曰：湜湜其止。〔常職切〕**

【注釋】

本義是水清，常「湜湜」連用。

潣 mǐn　**水流浼浼貌。从水，閔聲。〔眉殞切〕**

【注釋】

浼浼，水大貌。

段注：「浼浼當作潣潣，淺人所改也。一說：潣、浼古今字，故以浼浼釋潣潣。河水浼浼，見《邶風》。浼之本義訓污，《邶風》之浼浼即潣潣之假借。」

滲 shèn　**下漉也。从水，參聲。〔所禁切〕**

【注釋】

漉，滲也。

潿 wéi　**不流濁也。从水，圍聲。〔羽非切〕**

溷 hùn　**亂也。一曰：水濁貌。从水，圂聲。〔胡困切〕**

【注釋】

此「混亂」之本字。混本義是大的水流，非本字明矣。「一曰：水濁貌」，即今溷濁義也。溷常通圂，表廁所、豬圈也。

淈 gǔ　**濁也。从水，屈聲。一曰：滒泥。一曰：水出貌。〔古忽切〕**

【注釋】

本義是混濁、混亂。今「汩亂」之本字也，《小爾雅》：「汩，亂也。」《說文》：「汩，治水也。」非本字明矣。

段注：「今人汩亂字當作此。按《洪範》：汩陳其五行。某氏曰：汩，亂也。《書序》：汩作。汩，治也。屈賦：汩鴻，謂治洪水。治、亂正一義，即《釋詁》之『淈，治也』，某氏注《爾雅》引《詩》：淈此群醜。」

「一曰：滒泥」，稀泥也。常「淈淈」連用，表水湧出貌，又混亂貌，《九思》：「哀哉兮淈淈，上下兮同流。」淈又有枯竭義，當通「𧿒」，𧿒有枯竭義，《逸周書》：「極賞則淈，淈不得食。」

漩 xuán（漩）　　回泉也。从水，旋省聲。〔似沿切〕

【注釋】

今作漩，本義是打著漩渦的泉水。

漼 cuǐ　　深也。从水，崔聲。《詩》曰：有漼者淵。〔七罪切〕

【注釋】

本義是水深。又涕泣貌。

淵 yuān（渊）　　回水也。从水，象形。左右，岸也，中象水貌。〔烏玄切〕 淵，或省水。 古文从口、水。

【注釋】

本義是打著漩渦的水。顏回，字子淵。水深則易有漩渦，故引申出深義，《小爾雅》：「淵，深也。」今有「家學淵源」，淵者，深也。「淵博」謂深而廣也。

渊乃草書楷化字形，比較肅、肃。淵俗字或作囦者，實來自古文也。道經常用，如「洞淵」或寫作「洞囦」，《江賦》：「瀇滉囦泫。」

濔 mǐ（濔）　　滿也。从水，爾聲。〔奴禮切〕

【注釋】

今作瀰字，《詩經》：「河水瀰瀰。」瀰漫之本字也。彌（《說文》作镾）之本義是久長，今有「曠日彌久」，非本字明矣。

段注：「《邶風》曰：河水濔濔。毛云：濔濔，盛貌。」

澹 dàn　　水搖也。从水，詹聲。〔徒濫切〕

【注釋】

曹操詩：「水何澹澹。」澹有安靜義，今有「恬澹」「澹泊」。「澹泊」字本字當作憺，《說文》：「憺，安也。」段注：「澹俗借為淡泊字。」澹又通淡，如「澹煙」。

潯 xún　　旁深也。从水，尋聲。〔徐林切〕

【注釋】

本義是水邊深。

常用義是水邊，「江潯」即江邊。段注：「今人用此字，取義於旁而已。」又作九江市別稱，即潯陽、潯城或潯陽城，因在潯水以北故稱潯陽。從尋之字多有深、長義，如鱘（長魚）。

泙 píng　　**谷也。从水，平聲。〔符兵切〕**

【注釋】

常用義是水波衝擊聲，如「泙泙」「泙湃」。

泏 zhú / kù　　**水皃。从水，出聲。讀若窋。〔竹律切〕，又〔口兀切〕**

【注釋】

水出貌。

瀳 jiàn　　**水至也。从水，薦聲。讀若尊。又〔在甸切〕**

澌 dí　　**土得水沮也。从水，豴聲。讀若麵。〔竹只切〕**

【注釋】

段注：「《魏風》毛詩云：沮洳，其漸洳者。《眾經音義》引《倉頡篇》云：沮者，漸也。許君沮字下未舉此義。今俗謂水稍稍侵物入其內曰澌，當作此字。」

滿 mǎn　　**盈溢也。从水，㒼聲。〔莫旱切〕**

【注釋】

本義是水滿。

滑 huá　　**利也。从水，骨聲。〔戶八切〕**

【注釋】

本義是光滑。段注：「古多借為汩亂之汩。」《小爾雅》：「汩、滑，亂也。」如「滑亂萬民」。「滑稽」，古代一種盛酒的器具，能不斷地往外流酒。喻為能言善辯，語言流暢。

濇（篆）sè（澀、涩）　　**不滑也。从水，嗇聲。〔色立切〕**

【注釋】

《說文》：「嗇，愛嗇。」聲兼義也。濇即澀（涩）字，《說文》無澀（涩）字，澀（涩）之初文作歰，澀（涩）為後起字。《說文》：「歰，不滑也。」

段注：「《止部》曰：歰，不滑也。然則二字雙聲同義。《七發》：邪氣襲逆，中若結轖。此假轖為濇也。」

澤（篆）zé　　**光潤也。从水，睪聲。〔丈伯切〕**

【注釋】

本義是光澤。又有水、汁義，今有「汗澤」「津澤」。泽乃草書楷化字形。段注：「又水艸交厝曰澤，又借為釋字。」

淫（篆）yín　　**侵淫隨理也。从水，㸒聲。一曰：久雨為淫。〔余箴切〕**

【注釋】

常用義是過分無節制，今有「驕奢淫逸」。迷惑、使混亂亦謂之淫，如「富貴不能淫」。今淫蕩本字當作婬，《說文》：「婬，私逸也。」段注：「婬之字今多以淫代之，淫行而婬廢矣。」

「一曰：久雨為淫者」，今有「淫雨霏霏」，淫雨為過度之雨也。《左傳》：「天作淫雨。」鄭曰：「淫，霖也。雨三日以上為霖。」

瀸（篆）jiān　　**漬也。从水，韱聲。《爾雅》曰：泉一見一否為瀸。〔子廉切〕**

【注釋】

一，或也。瀸謂泉水時流時止也。

泆（篆）yì　　**水所蕩泆也。从水，失聲。〔夷質切〕**

【注釋】

本義是水滿泛濫。常用義是放縱、安閑，通「逸」。

段注：「蕩泆者，動盪奔突而出。《左傳》：彼徒我車，懼其侵軼我。又曰：迭我殽地。迭即泆、軼之假借也。凡言淫泆者，皆謂太過，其引申之義也。」

潰 kuì　　漏也。从水，貴聲。〔胡對切〕

【注釋】

本義是水衝破堤壩。泛指散亂，今有「潰不成軍」。又有爛義，今有「潰爛」「潰瘍」。

段注：「《左傳》：凡民逃其上曰潰。此引申之義。」

沴 lì　　水不利也。从水，㐱聲。《五行傳》曰：若其沴作。〔郎計切〕

【注釋】

水往來不流利，常用義是災氣、惡氣。

段注：「鄭曰：沴，殄也。服虔曰：沴，害也。司馬彪引《五行傳》說曰：氣之相傷謂之沴。」

淺 qiǎn　　不深也。从水，戔聲。〔七衍切〕

【注釋】

浅乃淺省略重複偏旁形成之俗字。

本義是水淺。引申出時間短，今有「年代淺」「目光短淺」。引申出容易，如「淺近的文言文」，「淺近」同義連文，簡單容易也。

段注：「按不深曰淺，不廣亦曰淺，故《考工記》曰：以博為帴。帴者，淺之假借。」

涛 zhǐ　　水暫益且止，未減也。从水，寺聲。〔直里切〕

【注釋】

段注：「此義未見，蓋與待、偫、峙字義相近。《爾雅・釋水》亦借為沚字。」

渻 shěng　　少減也。一曰：水門。又水出丘前謂之渻丘。从水，省聲。〔息并切〕

【注釋】

今「簡省」之本字也。《說文》:「省，視也。」省本義是視察。

段注:「今減省之字當作渻，古今字也。《女部》又曰：媘者，減也。媘、渻音義皆同。」《說文》:「媘，減也。」段注:「渻，少減也。然則媘、渻音義皆同，作省者假借字也，省行而媘、渻廢矣。」

淖 nào　泥也。从水，卓聲。〔奴教切〕

【注釋】

本義是爛泥、泥沼。今有「泥淖」，泥坑也。

引申有泥濘，《漢書》:「天雨淖，不駕駟馬車而騎至廟下」。引申有柔、柔和義，土與水和為泥，故引申。《管子》:「夫水，淖弱以清。」「淖約」謂柔弱柔美。「淖爾」，湖泊也，蒙古語，如「羅布淖爾」，即羅布泊也。

段注:「《字林》云：濡甚曰淖。按泥淖以土與水合和為之，故淖引申之義訓和。仲者，中也。尼者，和也。言孔子有中和之德，故曰仲尼。蓋漢人尼與泥通用，故漢碑仲尼字或作泥。魏晉以後，泥淖字作埿。」

濢 zuǐ　小溼也。从水，翠聲。〔遵誄切〕

【注釋】

段注:「小，蓋下之誤，《篇》《韻》皆云下溼，从古本也。」

溽 rù　溼暑也。从水，辱聲。〔而蜀切〕

【注釋】

本義是溼熱，今有「溽暑」。常用義是溼，今有「溽溼」。又味濃，《禮記》:「其飲食不溽。」

段注:「《大雅·雲漢》傳曰：薀薀而暑，隆隆而雷，蟲蟲而熱。此暑、熱之別，暑言下溼，熱言上燥也。謂之溽者，濃也，厚也。《儒行》注曰：恣滋味為溽。《月令》溽，本或作辱。」

涅 niè　黑土在水中也。从水，从土，日聲。〔奴結切〕

【注釋】

本義是可作黑色染料的礬石。《荀子》:「白沙在涅，與之俱黑。」用黑色染黑亦叫涅，今有「涅面」「涅齒」。「涅白」謂不透明的白色。

滋 zī　**益也。从水，茲聲。一曰：滋水，出牛飲山白陘谷，東入呼沱。〔子之切〕**

【注釋】

本義是增加，今有「滋生」。引申出種植義，《離騷》:「余既滋蘭之九畹兮。」引申出更加義，今有「滋甚」。滋有汁液義，《廣雅》:「滋，液也。」左思《魏都賦》:「墨井鹽池，玄滋素液。」

段注:「《艸部》茲下曰：艸木多益也。此字从水、茲，為水益也。凡經傳增益之義多用此字，亦有用茲者。」

淴 hū　**青黑色。从水，曶聲。〔呼骨切〕**

【注釋】

段注:「各本篆文作淴，解作曶聲，此以隸體改篆也。《篇》《韻》皆曰：淴今作淴，今據正。」

浥 yì　**濕也。从水，邑聲。〔於及切〕**

【注釋】

本義是沾濕，王維《送元二使安西》:「渭城朝雨浥輕塵。」

沙 shā　**水散石也。从水，从少，水少沙見。楚東有沙水。〔所加切〕譚長說：沙或从尐。〔尐，子結切〕**

【注釋】

段注:「《詩正義》作水中散石，非是，《水經注》引與今本同。凡古人所引古書，有是有非，不容偏信。石散碎謂之沙，引申之，凡生澀皆為沙，如《內則》『鳥沙鳴』是。十七部，古音娑。从石作砂者，俗字也，古丹沙只用此。」

瀨 lài　**水流沙上也。从水，賴聲。〔洛帶切〕**

【注釋】

從沙石上流過的急水，如「石瀨兮淺淺」。

段注：「吳越謂之瀨，中國謂之磧。按瀨之言濿也，水在沙上，渧濿而下滲也。《埤倉》云：渧濿，漉也。」

濆 fén　**水厓也。从水，賁聲。《詩》曰：敦彼淮濆。〔符分切〕**

【注釋】

本義是水邊。「濆薄」，水波騰湧貌。小徐本「厓」作「崖」，小徐多俗字。

段注：「《詩‧大雅》：鋪敦淮濆。傳曰：濆，厓也。《周南》：遵彼汝墳。傳曰：墳，大防也。晝然分別。《周禮‧大司徒》職：丘陵墳衍原隰。注曰：水涯曰墳。而《常武》箋亦釋濆為大防，是鄭謂古經假借通用也，許則謹守毛傳。」

許書多宗毛傳，與鄭箋、《爾雅》多異。

涘 sì　**水厓也。从水，矣聲。《周書》曰：王出涘。〔床史切〕**

【注釋】

本義是水邊。《秋水》：「兩涘渚崖之間不辨牛馬。」

汻 hǔ（滸）　**水厓也。从水，午聲。〔臣鉉等曰：今作滸，非是。〕〔呼古切〕**

【注釋】

本義是水邊。今作滸，《詩經》：「率西水滸，至于岐下。」毛傳：「滸，水厓也。」《水滸傳》者，水邊（梁山泊）發生的事情。

氿 guǐ　**水厓枯土也。从水，九聲。《爾雅》曰：水醮曰氿。〔居洧切〕**

【注釋】

水邊的枯土。九，盡也。聲兼義也。「氿泉」謂從側面流出的泉水，《詩經》：「有洌氿泉，無浸穫薪。」

段注：「按今《爾雅》：水醮曰厬，仄出泉曰氿。許書：仄出泉曰厬，水厓枯土曰氿。與今《爾雅》正互易。依毛詩：有洌氿泉，似今《爾雅》不誤也。今本作厬，

《音義》云：字又作漘。」

許書多宗毛傳，與鄭箋、《爾雅》多異。

漘 chún　　水厓也。从水，脣聲。《詩》曰：置河之漘。〔常倫切〕

【注釋】

水邊也，口邊曰唇，水之邊曰漘。

段注：「《魏風》傳：漘，厓也。《爾雅》曰：厓夷上洒下，漘。按夷上謂上平也，洒下謂側水邊者斗峭。」

浦 pǔ　　瀕也。从水，甫聲。〔滂古切〕

【注釋】

瀕，俗作濱，水邊也。浦之本義是水邊，王勃詩：「畫棟朝飛南浦雲。」又指小河流入江海的入口處，《宋書》：「遇風，停浦中。」

沚 zhǐ　　小渚曰沚。从水，止聲。《詩》曰：于沼于沚。〔諸市切〕

【注釋】

即沙洲也。段注：「《召南》傳曰：沚，渚也。此渾言之。小渚曰沚，此析言之也。」

沸 fú / fèi　　滭沸，濫泉。从水，弗聲。〔分勿切〕，又〔方未切〕

【注釋】

本義是水翻騰貌。滭沸，連綿詞也，泉出貌。沸騰字本作鬻，《說文》：「鬻，涫也。」段注：「今俗字涫作滾。」滾水即開水，今河南方言仍有該詞。

段注：「《小雅》《大雅》皆有『觱沸檻泉』之語，傳云：觱沸，泉出皃。檻泉，正出。《釋水》曰：濫泉，正出。正出，涌出也。司馬彪注《上林賦》曰：滭弗，盛皃也。按滭沸疊韻字，《毛詩》觱、檻皆假借字。今俗以沸為鬻字。」

潨 cóng　　小水入大水曰潨。从水，从眾。《詩》曰：鳧鷖在潨。〔祖紅切〕

【注釋】

本義是水相會的地方。又指水邊。「潀潀」，同「淙淙」，水聲。

段注：「《大雅》傳曰：潀，水會也。按許說申毛。若鄭箋云：『潀，水外之高者也，有瘞埋之象。』則謂潀與崇同，恐非《詩》意。」

許書多宗毛傳，與鄭箋、《爾雅》多異。

派 pài　　別水也。从水，从𠂢，𠂢亦聲。〔匹賣切〕

【注釋】

本義是支流，毛澤東詞：「茫茫九派流中國。」又有作風、風度義，今有「正派」「氣派」。

汜 sì　　水別復入水也。一曰：汜，窮瀆也。从水，巳聲。《詩》曰：江有汜。〔詳里切〕〔臣鉉等案：前洍字音義同，蓋或體也。〕

【注釋】

由主流分出而復匯合的河水。見前「洍」字注。

段注：「《召南》傳曰：決復入水也。謂既決而復入之水也。《釋名》曰：汜，已也。如出有所為，畢，已而復入也。按古以無已釋巳，如祀之解曰『祭無已』是也，故汜之字從巳。

《漢書》：張良閒從容步遊下邳汜上。服虔讀為圯，音頤，楚人謂橋曰圯。此漢人易字之例也。應劭曰：汜水之上。此不易字，謂窮瀆無水之上也。下文直墮其履汜下，良下取履，其為無水之瀆了然。《史記》本亦作汜，小司馬云：『姚察見《史記》有作土旁者。』云有，則知《史記》不皆作土旁也。義本易憭，諸家說皆不察。」

今按：張良「圯上老人」之「圯」本字或當是汜，即無水的河溝。上，岸邊也。「子在川上曰」，上亦岸邊。

湀 guǐ　　湀辟，深水處也。从水，癸聲。〔求癸切〕

【注釋】

或作「湀辟」，通流大川也。亦泛指流水，《釋水》：「湀辟流川。」

濘 nìng　　滎濘也。从水，寧聲。〔乃定切〕

【注釋】

滎濘，小水貌。今作泥濘字，濘者，泥也。李孝定《甲骨文字集釋》:「濘當以絕小水為本義，今泥濘乃引申。」

滎 xíng　　絕小水也。从水，熒省聲。〔戶扃切〕

【注釋】

絕，極也。熒省聲，聲兼義也。從熒之字、之音多有小義，見前「瑩」字注。滎常用義是古代的湖澤名。河南有滎陽市，因在滎水北岸也。

段注:「滎濘，絕小水也。滎濘二字各本無，今依全書通例補。中斷曰絕。絕者，窮也。引申為極至之用，絕小水者，極小水也。此六書不可以本義滅其引申之義者也。許書『陘者，山絕坎也』，此中絕之絕，絕小水非其倫也。」

洼 yā / wā　　深池也。从水，圭聲。〔一佳切〕，又〔於瓜切〕

【注釋】

本義是深池。引申為窪陷。

漥 yǐng / wā　　清水也。一曰:窊也。从水，窐聲。〔一穎切〕，又〔屋瓜切〕

【注釋】

「一曰:窊也」，此低洼之本字也。《說文》:「洼，深池也。」非本字明矣。或以為引申，亦通。

潢 huáng　　積水池。从水，黃聲。〔乎光切〕

【注釋】

本義是積水池，「潢然」者，大水到來貌。

段注:「《左傳》:潢污行潦之水。服虔曰:『畜小水謂之潢，水不流謂之污。行潦，道路之水。』《廣韻》引《釋名》曰:『潢，染書也。乎曠切。』唐有妝潢匠。」

沼 zhǎo　　池水。从水，召聲。〔之少切〕

【注釋】

段注：「按召之言招也，招外水豬之。」

湖 hú　大陂也。从水，胡聲。揚州浸，有五湖。浸，川澤所仰以灌溉也。〔戶吳切〕

【注釋】

陂，池也。浸，大池也。湖的本義是大池子，從胡之字、之音多有大義，如蝴蝶（大翅膀蟲）、葫蘆（大肚子植物）、壺（大肚子容器）。「湖色」，淡綠色也。

段注：「古言鴻隙大陂，言汪汪若千頃陂，皆謂大池也。池以鍾水，湖特鍾水之大者耳。」

汥 zhī　水都也。从水，支聲。〔章移切〕

【注釋】

都，聚也。本義是水積聚。又音 jì，水分流也。

洫 xù　十里為成，成閒廣八尺、深八尺謂之洫。从水，血聲。《論語》曰：盡力於溝洫。〔況逼切〕

【注釋】

本義是大水渠。

泛指水渠，今有「溝洫」。見後「く」字注。又指護城河，張衡《東京賦》：「邪阻城洫。」引申虛、使虛，《管子》：「滿者洫之，虛者實之。」又指敗壞義，《莊子》：「與世偕行而不替，所行之備而不洫。」

段注：「傳曰：淢，成溝也。箋云：『方十里曰成。淢，其溝也。』溝洫對文則異，散文則通，故毛曰成溝。」

溝 gōu　水瀆，廣四尺，深四尺。从水，冓聲。〔古侯切〕

【注釋】

小徐本二「尺」均作「赤」。

沟乃另造之俗字。見上「洫」字注。後泛指水溝。溝又指護城河，洫亦有此義，同步引申也。《史記》:「楚方城以為城，江漢以為溝。」「溝瞀」即怐愗，《廣雅》:「溝瞀，愚也。」

瀆 dú　溝也。从水，賣聲。一曰：邑中溝。〔徒谷切〕

【注釋】

渎乃草書楷化字形。本義是小水溝，泛指水渠。

段注:「瀆之言竇也，凡水所行之孔曰瀆，小大皆得稱瀆。《釋水》：注澮曰瀆。又曰：江、河、淮、濟為四瀆。《水經注》謂古時水所行，今久移者曰故瀆。」

今作為褻瀆字，褻瀆之本字當作媟嬻，《說文》:「媟，嬻也。」段注:「今人以褻衣字為之，褻行而媟廢矣。」「瀆貨」謂貪財也。

上古四瀆的「江」非長江，而是江水（在今山東），江水流域乃黃帝長子玄囂（少昊）的封地，古代有江國。黃河為西瀆，濟水為北瀆，江水為東瀆，淮水為南瀆。後世四瀆與上古不同，古江水早已湮沒，後被長江所取代。唐代稱淮水為東瀆，長江為南瀆。

渠 qú　水所居。从水，榘省聲。〔強魚切〕

【注釋】

本義是水渠。

中古時借為第三人稱代詞，如「女婿昨來，必渠所盜」。水渠大，故引申有大義，或以為通「巨」，亦可。「渠帥」謂大帥也。「渠魁」謂古代稱敵對方的首領，也做「魁渠」。《廣雅》:「渠，帥也。」則「魁渠」又可謂同義連文。帥蓋渠之沾染義也，「渠帥」常連文，故渠沾染了帥義。

瀶 lín　谷也。从水，臨聲。讀若林。一曰：寒也。〔力尋切〕

湄 méi　水艸交為湄。从水，眉聲。〔武悲切〕

【注釋】

本義是河岸，水與草交接的地方，從眉之字多有交義，見前「眉」「楣」字注。

洐 xíng　溝水行也。从水，从行。〔戶庚切〕

【注釋】

段注改作「溝行水也」，可從。即溝中的流水，即所謂「行潦」也，《詩經》：「于以采藻？于彼行潦。」毛傳：「行潦，流潦也。」

澗 𣻖 jiàn（澗）　**山夾水也。从水，閒聲。一曰：澗水，出弘農新安，東南入洛。〔古莧切〕**

【注釋】

俗作澗，本義是山澗，兩山夾著水流，從閒聲，兼義也。

段注：「《釋山》、毛傳皆云：《小雅》：秩秩斯干。毛云：干，澗也。此謂《詩》假借干為澗也。」

澳 𣽬 yù　**隈，厓也。其內曰澳，其外曰隈。从水，奧聲。〔於六切〕**

【注釋】

連篆為讀。本義是水的彎曲處，又寫作「隩」。古音 yù，今音 ào，指海邊彎曲可以停船的地方（多用於地名），如澳門。

澩 𣿖 xué　**夏有水，冬無水，曰澩。从水，學省聲。讀若學。〔胡角切〕**

𣿖 **澩，或不省。**

【注釋】

夏有水冬無水的湖澤。

段注：「《釋山》曰：山上有水，埒。夏有水，冬無水，澩。謂山上夏有停潦，冬則乾也。」

灘 𤅩 hàn / tān（灘）　**水濡而乾也。从水，䳚聲。《詩》曰：灘其乾矣。〔呼旰切〕，又〔他干切〕** 灘 **俗灘，从隹。**

【注釋】

今通行重文灘，簡化為滩。水濡而乾者，被水浸泡又乾了，音 hàn。今作沙灘字，音 tān。

段注：「灘字古義如此，後人用為沙灘，此之謂古今字也，沙灘字亦或作潬。」

今《詩經》作「暵其乾矣」，灘、暵同源詞。

白居易《琵琶行》:「幽咽泉流冰下灘。」一本作「難」。今高中教材取「難」字，爭論甚多，莫衷一是。

汕 shàn　**魚游水貌。从水，山聲。《詩》曰：蒸然汕汕。〔所晏切〕**

【注釋】

汕汕，魚游水的樣子。又捕魚器也。

決 jué（决）　**行流也。从水，从夬。廬江有決水，出於大別山。〔古穴切〕**

【注釋】

今簡化漢字作决，古俗字也。一筆之差，理據盡失。

本義是疏導水流，如「禹決江疏河」。後指河堤決口。決，斷也，今有「決斷」，李白詩:「揮劍決浮雲。」又定也，今有「決定」,「決獄」謂判案也。又別也，今有「決別」，後作「訣」。從夬之字、之音多有缺口義，見前「夬」字注。

灤 luán　**漏流也。从水，䜌聲。〔洛官切〕**

【注釋】

指滲到地下的水。從䜌聲多有連義，孿、欒、戀、攣同源詞。

段注:「宋姚宏曰:《戰國策》:王季歷葬於楚山之尾，灤水齧其墓。謂墓為山尾扇流所沮敗也，孔衍《春秋後語》改為巒水，注云:宜都縣有巒水。誤甚，王季葬鄠南。」

滴 dī　**水注也。从水，啻聲。〔都歷切〕**

【注釋】

本義是水滴，賈島《感秋》:「暮雨灑疏滴。」段注:「《埤倉》有渧字，讀去聲，即滴字也。」

注 zhù　**灌也。从水，主聲。〔之戍切〕**

【注釋】

本意是用水灌。

今有「注水」「注射」。引申附著、聚集，《爾雅》：「注旄首曰旌。」今有「四海注目」「注意」。又引申為記載、登記義，今有「標注」「註冊」。又賭博時下的財物，今有「賭注」「孤注一擲」。

段注：「注之云者，引之有所適也。故釋經以明其義曰注，交互之而其義相輸曰轉注，《釋故》《釋言》《釋訓》皆轉注也。有假注為咮者，如注星即咮星，是也。

按漢唐、宋人經注之字無有作註者，明人始改注為註，大非古義也。古惟註記字從言，如《左傳》『敘諸所記註』，韓愈文『市井貨錢註記』之類。《通俗文》云：記物曰註。《廣雅》：註，識也。古起居注用此字，與注釋字別。」

渓 wò（沃）　溉灌也。从水，芙聲。〔烏鵠切〕

【注釋】

俗字作沃，本義是灌溉。又指肥美，今有「肥沃」。

段注：「水沃則土肥，故云沃土。水沃則有光澤，故毛傳云：沃沃，壯佼也。又云：沃，柔也。」

浩 sé　所以攤水也。从水，昔聲。《漢律》曰：及其門首洒浩。〔所責切〕

【注釋】

水壩，堰。

澨 shì　埤增水邊土，人所止者。从水，筮聲。《夏書》曰：過三澨。〔時制切〕

【注釋】

本義是水邊地、涯岸，如「夕濟兮西澨」。

津 jīn　水渡也。从水，𦘔聲。〔將鄰切〕 古文，从舟，从淮。

【注釋】

本義是水邊之渡口。

今有「無人問津」。「津梁」，橋也。「天津」者，天上之渡口也，乃橫跨銀河之上的星座。今地名天津者，燕王朱棣從天津三岔口渡河出發，開始靖難之役，奪取天下，故賜名天津，謂天子之渡口也。引申為人體分泌的液體謂之津，今有「津液」「望梅生津」。又有滋潤義，今有「津貼」。

段注：「隸省作津，經傳多假借津為盡潤字，《周禮》：其民黑而津。」

淜 pίng　無舟渡河也。从水，朋聲。〔皮冰切〕

【注釋】

不乘船徒步過河。此「暴虎馮河」之本字也。不乘車打老虎謂之暴虎，非空手打老虎也。

段注：「《小雅》傳曰：徒涉曰馮河，徒搏曰暴虎。淜正字，馮假借字。」

潢 héng　小津也。从水，橫聲。一曰：以船渡也。〔戶孟切〕

【注釋】

《方言》：「方舟謂之潢。」

段注：「郭云：揚州人呼渡津舫為杭，荊州人呼潢，音橫。《廣雅》：潢，筏也。謂渡之小者也，非地大人眾之所。小，一作水，非。」

泭  fú　編木以渡也。从水，付聲。〔芳無切〕

【注釋】

即小筏子也，此《論語》「乘桴浮於海」之本字。《說文》：「桴，楝名。」本義是房屋的二梁，非本字明矣。

段注：「《周南》：江之永矣，不可方思。傳曰：方，泭也。即《釋言》之『舫，泭也』。《爾雅》字多從俗耳。《釋水》曰：大夫方舟，士特舟，庶人乘泭。《方言》曰：泭謂之簰，簰謂之筏。筏，秦晉之通語也。《廣韻》曰：大曰簿，曰筏，小曰泭。《論語》：乘桴浮於海，假桴為泭也。凡竹木蘆葦皆可編為之，今江蘇、四川之語曰簰。」

渡 dù　濟也。从水，度聲。〔徒故切〕

【注釋】

本義是渡河。

段注：「《邶風》傳曰：濟，渡也。《方言》曰：過渡謂之涉濟。凡過其處皆曰渡，假借多作度。天體三百六十五度，謂所過者三百六十五也。」

沿𣲖 yán　　緣水而下也。从水，㕣聲。《春秋傳》曰：王沿夏。〔與專切〕

【注釋】

本義是順流而下。

泝𣴎 sù（溯）　　逆流而上曰泝洄。泝，向也。水欲下，違之而上也。从水，斥聲。〔桑故切〕𣾃 遡，或从朔。

【注釋】

今作溯，俗字也。本義是逆流而上。

段注：「《秦風》傳曰：逆流而上曰遡洄，順流而涉曰遡遊。《釋水》同，涉作下。漢人書向背字皆作鄉，不作向。」

洄𣲘 huí　　泝洄也。从水，从回。〔戶灰切〕

【注釋】

逆流而上曰溯洄，水流洄旋亦謂之洄，《詩經》：「溯洄從之，宛在水中央。」

泳𣲡 yǒng　　潛行水中也。从水，永聲。〔為命切〕

【注釋】

在水上為游，水下為泳。

游在上，故有「浮游植物」「游蕩」。泳在下，《水經注．江水》：「有潛客泳而視之，見水下有兩石牛。」永者，長也，從永之字多有長遠義，詠，長言也。

潛𣾰 qián（潜）　　涉水也。一曰：藏也。一曰：漢水為潛。从水，朁聲。〔昨鹽切〕

【注釋】

今簡體字作潜，古之俗字也。引申出隱蔽義，今有「潛力」。引申出秘密義，今有「潛逃」。

段注：「《邶風》傳云：由膝以上為涉。然則言潛者，自其膝以下沒於水言之。按潛、汓（泅）等字，後人不甚分明。若《水經注·江水篇》云：有潛客泳而視之，見水下有兩石牛。此則謂潛全沒水中矣。」

淦 gàn　水入船中也。一曰：泥也。从水，金聲。 淦，或从今。〔古暗切〕

【注釋】

水滲入船中。近人有馮沅君，馮友蘭之妹，筆名淦女士。近人有張國淦，北洋政府官員。物理學家有王淦昌。

泛 fàn　浮也。从水，乏聲。〔孚梵切〕

【注釋】

見前「汎」「氾」字注。

段注：「《邶風》曰：汎彼柏舟，亦汎其流。上汎謂汎汎，浮皃也。下汎當作泛，浮也。汎、泛古同音，而字有區別如此。《左傳·僖十三年》：汎舟之役。亦當作泛。」

汓 qiú（泅）　浮行水上也。从水，从子。古或以汓為沒。〔似由切〕 汓，或从囚聲。

【注釋】

今通行重文泅，鳧水也。游字從汓聲。

段注：「古文或以汓為沒字，此古文、小篆之別也，其義其音其形皆別矣。按善水者或沒或浮皆無不可，則不妨同字同音也。」

砅 lì（濿）　履石渡水也。从水，从石。《詩》曰：深則砅。〔力制切〕 砅，或从厲。

【注釋】

今通行重文濿，今《詩經》作濿。本義是踏著石頭過河，泛指渡水，如「棹舟杭以橫濿兮」。

段注：「謂若今有水汪，譊磚石而過，水之至小至淺者也。厲者，石也，从水厲猶从水石也。引申之為凡渡水之稱，如《大人賦》云：橫厲飛泉以正東。字多作厲。」

湊 còu（凑） 水上人所會也。从水，奏聲。〔倉奏切〕

【注釋】

今簡化字作凑，古之俗字也。本義是聚集、匯合，如「輻湊」，謂像輻條一樣聚集一起。

湛 zhàn 沒也。从水，甚聲。一曰：湛水，豫章浸。〔宅減切〕 古文。

【注釋】

本義是沉沒。

此「沉沒」之本字也，見後「沈」字注。常用義清也，如「水木湛清華」；濃也，如「湛露」；深也，今有「精湛」。又有浸漬義，《廣雅》：「湛，漬也。」引申為沉溺快樂義，《詩經》：「和樂且湛。」

段注：「古書浮沉字多作湛，湛、沈古今字，沉又沈之俗也。」

湮 yīn 沒也。从水，垔聲。〔於真切〕

【注釋】

今讀 yān，有沉沒、埋沒義，又有堵塞義，《莊子》：「禹湮洪水。」陻（堙）亦有此二義，同源詞也。

休 nì 沒也。从水，从人。〔奴歷切〕

【注釋】

今溺水之本字也。溺本水名，即弱水也。

段注：「此沉溺之本字也，今人多用溺水水名字為之，古今異字耳。《玉篇》引孔子曰：君子休於口，小人休於水。顧希馮所見《禮記》尚作休。」

沒 mò　　沈也。从水，从叟。〔莫勃切〕

【注釋】

沈，俗字作沉。本義是沉沒。

引申為陷落義，「攻沒」即攻陷也。有沒收義，如「以男女質錢，約不時贖，子本相侔，則沒為奴隸」。今有「抄沒家產」。引申為終也，盡也，「沒世」謂終身也。「沒齒難忘」，齒，年也。

段注：「沒者全入於水，故引申之義訓盡。《小雅》：曷其沒矣。傳云：沒，盡也。《論語》：沒階。孔安國曰：沒，盡也。凡貪沒、乾沒皆沉溺之引申。」

渨 wěi　　沒也。从水，畏聲。〔烏恢切〕

滃 wěng　　雲气起也。从水，翁聲。〔烏孔切〕

【注釋】

本義是水盛，又云氣騰湧貌。「滃滃」「滃鬱」，雲氣起貌。

段注：「有假翁為滃者，《周禮》：醴齊。注：盎猶翁也，成而翁翁然蔥白色。」

泱 yāng　　滃也。从水，央聲。〔於良切〕

【注釋】

本義是水深大，如「河水泱泱」，「泱漭」，無邊貌。引申為大義，今有「泱泱大國」。

段注：「《射雉賦》：天泱泱以垂雲。善曰：『《毛詩》：英英白雲。毛萇曰：英英，白雲皃。泱與英古字通。』按泱滃雙聲，徐爰曰：音英，音之轉也。」

淒 qī（凄）　　雲雨起也。从水，妻聲。《詩》曰：有渰淒淒。〔七稽切〕

【注釋】

今簡體字作凄，古之俗字也。一筆之差，理據盡失。本義是水大，又有寒冷義，如「淒風苦雨」。又有冷落、寂靜義，如「淒清」。

段注：「按《詩》曰：淒其以風。毛傳：淒，寒風皃。又曰：風雨淒淒。蓋淒有陰寒之意。《小雅》：有渰淒淒。皃急雨欲來之狀，未嘗不兼風言之。」

渰 yǎn　雲雨貌。从水，弇聲。〔衣檢切〕

【注釋】

本義是雲興起的樣子。

段注：「雨雲皃。各本作雲雨皃，今依《初學記》《太平御覽》正，毛傳曰：渰，雲興皃。」

溟 míng　小雨溟溟也。从水，冥聲。〔莫經切〕

【注釋】

本義是小雨貌。

即今濛濛細雨也。「溟沐」「溟濛」，小雨貌，又煙霧瀰漫貌。從冥之字多有小義，見前「覭」字注。溟有海義，如「北溟有魚，其名為鯤」。此義又寫作「冥」，「溟」是後起字。

段注：「《太玄經》：密雨溟沐。《玉篇》曰：溟蒙小雨。《莊子》南溟、北溟，其字當是本作冥。」

涑 sè　小雨零貌。从水，朿聲。〔所責切〕

【注釋】

涑涑，雨聲，俗作潻。

瀑 bào　疾雨也。一曰：沫也。一曰：瀑，資也。从水，暴聲。《詩》曰：終風且瀑。〔平到切〕

【注釋】

本義是暴雨，今作為瀑布字。今《詩經》作「終風且暴」，終，既也，謂既颳風又下雨也。許所據蓋三家詩。

澍 shù　時雨，澍生萬物。从水，尌聲。〔常句切〕

【注釋】

本義是及時雨。又有潤澤義，《淮南子》：「若春雨之灌萬物，無地而不澍。」樹，立也。澍、樹，同源詞也。

湒 jí　雨下也。从水，咠聲。一曰：沸涌貌。〔姊入切〕

【注釋】

本義是雨下貌。「一曰：沸涌貌」，常「湁湒」連用，水細湧貌。

段注：「《廣雅》云：湒湒，雨也。《毛詩》：其角湒湒，宋本《釋文》如是，假借為角皃。」

澬 zī / cí　久雨涔資也。一曰：水名。从水，資聲。〔才私切〕，又〔即夷切〕

潦 lǎo　雨水大貌。从水，尞聲。〔盧皓切〕

【注釋】

本義是雨水大，又指雨水、積水，《列子》：「百川水潦歸焉。」《滕王閣序》：「潦水盡而寒潭清。」此旱澇之本字也，《說文》：「澇，水名。」非本字明矣。「潦倒」謂放蕩不羈也，嵇康《與山巨源絕交書》：「足下舊知吾潦倒粗疏。」

段注：「俗借澇水字為之。《左傳》曰：水潦將降。《召南》：于彼行潦。傳曰：行潦，流潦也。按傳以流釋行。服注《左傳》乃云：道路之水，趙注《孟子》乃云：道旁流潦。以道釋行，似非。潦水流而聚焉，故曰行潦，不必在道旁也。」

濩 huò　雨流霤下。从水，蒦聲。〔胡郭切〕

【注釋】

本義為雨流簷下。又有煮義，《詩經》：「維葉莫莫，是刈是濩。」「濩渃」，水勢激蕩貌。「布濩」，散佈也。「濩落」，空廓也。

段注：「今俗語呼簷水溜下曰滴濩，乃古語也。或假濩為鑊，如《詩》：是刈是濩。或假為護，如湯樂名大濩，是也。」

涿 zhuō　流下滴也。从水，豖聲。上谷有涿縣。〔竹角切〕 奇字涿，从日、乙。

【注釋】

本義是水流下滴。涿縣，河北涿州也，張飛故里，桃園三結義之地。

段注：「今俗謂一滴曰一涿，音如篤，即此字也。又作沰。」

瀧 lóng　　雨瀧瀧貌。从水，龍聲。〔力公切〕

【注釋】

本義是急流的水。又音 shuāng，瀧水，水名，在廣東。日本人有瀧川資言，著《史記會注考證》。

段注：「瀧瀧，雨滴皃也。音轉讀為浪浪，平聲。《方言》曰：瀧涿謂之沾漬。又《廣韻》《集韻》皆云：瀧涑，沾漬也。瀧涑即瀧涿也。」

渿 nài　　沛之也。从水，奈聲。〔奴帶切〕

【注釋】

㴎，俗作渿。

滈 hào　　久雨也。从水，高聲。〔乎老切〕

【注釋】

本義是久雨。

段注：「引申為水貌，《上林賦》：翯乎滈滈。《吳都賦》：滈汗六洲之域。借為京兆鎬水字。」

漊 lóu　　雨漊漊也。从水，婁聲。一曰：汝南謂飲酒習之不醉為漊。〔力主切〕

【注釋】

段注：「漊漊猶縷縷也，不絕之貌。」

溦 wēi　　小雨也。从水，微省聲。〔無非切〕

【注釋】

此微雨之後起本字也。段注：「今人概作微。《廣韻》《集韻》皆曰：浽溦，小雨。按《爾雅》：谷者，溦。假借字也。」

濛 méng　　微雨也。从水，蒙聲。〔莫紅切〕

【注釋】

本義是微雨貌。《詩經》:「零雨其濛。」「濛澒」「濛鴻」謂天地初判時元氣未分的混沌狀態。

段注:「溦、溟、蒙三字,一聲之轉。《豳風》曰:零雨其蒙。傳云:蒙,雨皃。《廣韻》:空蒙,小雨。《廣雅》作霥。霥,俗字也。」

沈 shěn / chén(沉)　　陵上滈水也。从水,冘聲。一曰:濁黕也。〔臣鉉等曰:今俗別作沉,冗不成字,非是。〕〔直深切〕,又〔尸甚切〕

【注釋】

本義是山陵上的積水。本義罕用。常用義是沉沒,後俗字作沉,乃沈字之訛變也。

段注:「謂陵上雨積停潦也,古多假借為湛沒之湛,如《小雅》:載沈載浮,是也。又或借為瀋字。」

深入、程度深謂之沉,今有「沉思」「沉醉」,又有沉著義,《漢書》:「為人沉勇有大略。」沈、瀋二字古有別,沈是沉沒字,瀋本義是淘米水,引申為汁液字,如「墨瀋未乾」。今瀋陽字當作瀋,姓氏沈不能寫作瀋,如沈從文。簡化漢字後二字歸併為一。

洅 zài　　雷震洅洅也。从水,再聲。〔作代切〕

淊 hàn　　泥水淊淊也。一曰:繅絲湯也。从水,臽聲。〔胡感切〕

涵 hán　　水澤多也。从水,函聲。《詩》曰:僭始既涵。〔胡男切〕

【注釋】

本義是水澤多,引申為蘊涵、包涵義。段注:「按涵訓容者,就受澤多之義而引申之。」

澤 rù　　漸濕也。从水,挐聲。〔人庶切〕

【注釋】

即今之洳字,濕也。漸濕,同義連文,漸,濕也。《詩經》:「漸車帷裳。」

段注：「《魏風》：彼汾沮洳。傳曰：汾，汾水也。沮洳，其漸洳者。洳、溼同字。」

瀀 yōu　　**澤多也。从水，憂聲。《詩》曰：既瀀既渥。〔於求切〕**

【注釋】

李密《陳情表》「過蒙拔擢，寵命優渥」之本字也。

段注：「優，渥也。優即瀀之假借矣。」《說文》：「優，饒也。」本義是豐厚、多。優、瀀同源詞也。

涔 cén　　**漬也。一曰：涔陽渚，在郢中。从水，岑聲。〔鋤箴切〕**

【注釋】

本義是連續下雨，積水成澇。

《淮南子》：「時有涔旱災害之患。」涔有路上積水義，《淮南子》：「夫牛蹏之涔，不能生鱣鮪。」漬亦有此義，同步引申也。「涔涔」，謂汗、淚、水滴下垂貌，今有「汗涔涔」。又有病痛貌，杜甫詩：「行藥病涔涔。」

漬 zì　　**漚也。从水，責聲。〔前智切〕**

【注釋】

本義是浸泡，今有「浸漬」。今河南方言浸漬謂「漬淫」。又指地面的積水，如「漬水」「防洪排漬」。引申出染義，如「民漬惡習」。

漚 òu　　**久漬也。从水，區聲。〔烏候切〕**

【注釋】

本義是浸泡。

或音 ōu，水中氣泡，今有「浮漚」。范成大《會同館》：「萬里孤城致命秋，此身何止一浮漚。」漚麻，是將收割的麻株或剝下的麻皮，浸泡於水中，進行發酵，以獲其中之纖維。有「整株漚」「剝皮漚」兩種。

浞 zhuó　　**濡也。从水，足聲。〔士角切〕**

【注釋】

濡，濕也。指淋濕，如「讓雨浞了」。段注：「《小雅》曰：既霑既足，蓋足既浞之假借也。」古書常作人名，寒浞，夏時寒國的君主，殺后羿而代其位。

渥 wò　　沾也。从水，屋聲。〔於角切〕

【注釋】

沾，浸濕、浸潤也。段注：「按渥之言厚也，濡之深厚也。」引申為優厚義，如「優渥」謂優厚也。

溼 què / guō　　灌也。从水，隺聲。〔口角切〕，又〔公沃切〕

【注釋】

《玉篇》：「溼，沾也，漬也。」本義是澆灌。

洽 qià　　沾也。从水，合聲。〔侯夾切〕

【注釋】

本義是浸濕、浸潤。

引申有廣博、普遍義，如「博物洽聞」。「沾」「浹」皆有此二義，同步引申也。今有「沾洽」，同義連文，廣博普遍也，如「雨水沾洽」「學問沾洽」「恩澤沾洽」。引申出和諧，今有「融洽」。又指跟人聯繫、商量，今有「接洽事情」「商洽」「洽談」。

段注：「《大雅》：民之洽矣。傳曰：洽，合也。此謂《毛詩》假洽為合也。」

濃 nóng　　露多也。从水，農聲。《詩》曰：零露濃濃。〔女容切〕

【注釋】

本義是露水多。從農之字多有濃厚義，見前「穠」字注。

段注：「《小雅・蓼蕭》傳曰：濃濃，厚皃。按《酉部》曰：醲，厚酒也。《衣部》曰：襛，衣厚皃。凡農聲字皆訓厚。」

瀌 biāo　　雨雪瀌瀌。从水，麃聲。〔甫嬌切〕

【注釋】

雨雪大貌，常「瀌瀌」連用。

段注：「《小雅・角弓》曰：雨雪瀌瀌，見晛曰消。《廣雅》：瀌瀌，雪也。《劉向傳》作𪊟。」

溓𣶒lián　薄水也。一曰：中絕小水。从水，兼聲。〔力鹽切〕

泐𣶒lè　水石之理也。从水，从阞。《周禮》曰：石有時而泐。〔徐鍇曰：言石因其脈理而解裂也。〕〔盧則切〕

【注釋】

石頭被水沖激而成的紋理。

常用義是石頭裂開。又通「勒」，「手泐」，親手寫也，舊時書信用語。從力之字多有條理義，《說文》：「力，筋也。」

段注：「力者，筋也。筋有脈絡可尋，故凡有理之字皆从力。阞者，地理也。朸者，木理也。泐者，水理也。《手部》有扐，亦同意。」

滯𣶒zhì　凝也。从水，帶聲。〔直例切〕

【注釋】

本義是停滯。引申出遺漏義，《詩經》：「彼有遺秉，此有滯穗。」

汦𣶒chí　著止也。从水，氏聲。〔直尼切〕

㶁𣶒guó　水裂去也。从水，虢聲。〔古伯切〕

【注釋】

水受阻而分道流去。

段注：「謂水分裂而去也。」「㶁㶁」，水流聲，《集韻·陌韻》：「渮，水聲。或从虢。」《類篇·水部》：「㶁，水聲。」唐韓愈《藍田縣丞廳壁記》：「水㶁㶁循除鳴。」

澌𣶒sī　水索也。从水，斯聲。〔息移切〕

【注釋】

澌本義是水盡，泛指盡、完，今有「澌滅」。

索者，盡也。古有「牝雞司晨，室家之索」，謂母雞打鳴，家就要衰敗。今有「索然寡味」，索皆盡也、完也。「澌澌」者，雨雪落下貌。又通「凘」，冰塊也，《漢書》：

「河水流澌，無船，不可濟。」

段注：「《方言》：澌，索也。郭注云：盡也。按許說其本義，楊說其引申之義也。索訓盡者，索乃索之假借字。入室搜索，有盡意也。」

汔 qì（汽）　**水涸也。或曰：泣下。从水，气聲。《詩》曰：汔可小康。〔許訖切〕**

【注釋】

隸定作汽，隸變作汔。本義是水乾，常用義是虛詞庶幾、差不多，《詩經》：「汔可小康。」汔者，庶幾也。

段注：「《大雅・民勞》傳曰：汔，危也。《周易》：汔至亦未繘井，小狐汔濟。虞翻曰：汔，幾也。皆引申之義。水涸為將盡之時，故引申之義曰危、曰幾也。」

涸 hé　**渴也。从水，固聲。讀若狐貈之貈。〔下各切〕 涸，亦从水、鹵、舟。**

【注釋】

渴者，盡也，俗作竭，見下「渴」字注。本義是水盡、水乾，今有「乾涸」。

消 xiāo　**盡也。从水，肖聲。〔相幺切〕**

【注釋】

本義是盡、完。

段注：「未盡而將盡也。」引申出經得起，今有「吃不消」，辛棄疾詞：「更能消幾番風雨。」柳永詞：「為伊消得人憔悴。」又有消遣、打發時光義，今有「消夜」「消夏」。俞樾有《九九消夏錄》，謂消磨時光之作，自謙之辭也。

潐 jiào　**盡也。从水，焦聲。〔子肖切〕**

【注釋】

醮有完、盡義，本字當作潐。《說文》：「醮，冠娶禮。」本義是古代用於冠禮和婚禮的一種斟酒儀式，非本字明矣。

段注：「《荀卿書》：其誰能以己之潐潐，受人之掝掝者哉。楊倞曰：潐，盡也。潐潐，謂窮盡明於事，猶《楚辭》之察察。」

渴 kě　　盡也。从水，曷聲。〔苦葛切〕

【注釋】

本義是水乾，《周禮》:「渴澤用鹿。」由口渴引申為迫切義，今有「渴望」「渴求一見」。

段注:「渴、竭古今字，古水竭字多用渴，今則用渴為激字矣。」口渴字本字當作激，《說文》:「激，欲飲也。」段注:「今則用竭為水渴字，用渴為饑激字，而激字廢矣，渴之本義廢矣。」

漮 kāng　　水虛也。从水，康聲。〔苦岡切〕

【注釋】

《爾雅》:「漮，虛也。」從康之字多有虛義，見前「康」字注。

段注:「康者，穀皮中空之謂，故从康之字皆訓為虛。歑下曰:饑虛也。康下曰:屋康㝗也。《詩》:酌彼康爵。箋云:康，虛也。《方言》曰:康，空也。《長門賦》槺梁，虛梁也。《急就篇》顏注曰:『轅謂輿中空處，所用載物也。』水之空，謂水之中心有空處。」

溼 shī（濕）　　幽溼也。从水、一，所以覆也，覆而有土，故溼也。㬎省聲。〔失入切〕

【注釋】

今簡化字湿實乃濕之草書楷化字形。

此濕之本字也，古多假濕字為之，久則借字行而本字廢。濕本義是水名，即漯水，非本字明矣。見前「濕」字注。段注:「今字作濕。」

湆 qì　　幽濕也。从水，音聲。〔去急切〕

【注釋】

常用義是肉汁，或作湇。

段注:「《五經文字》云:『湇从泣下月，大羹也。湆从泣下日，幽深也。今《禮經》『大羹』相承多作下字，或傳寫久訛，不敢改正。』按湇字不見於《說文》，則未知張說何本。《字林》云:湆，羹汁也。《玉篇》《廣韻》同。然則本無異字，肉之精液如幽濕生水也。」

洿𣶒wū　　濁水不流也。一曰：窳下也。从水，夸聲。〔哀都切〕

【注釋】

本義是停積不流的水，即池子也。

常「洿池」連用，此義常寫作「污」，《孟子》：「數罟不入洿池。」「一曰：窳下」者，底下也，常「污隆」連用，謂高下也。又有塗染義，見「污」字注。

段注：「服虔注《左傳》云：水不流謂之污。按污即洿之假借字，《孟子·梁惠王》作洿，《滕文公》用污。玄應引《說文》：濁水不流池也，引《字林》：濁水不流曰洿，宜有池為長。」

浼𣵀měi　　污也。从水，免聲。《詩》曰：河水浼浼。《孟子》曰：汝安能浼我？〔武罪切〕

【注釋】

本義是污染，《孟子》：「汝安能浼我？」常用義是央求，今有「央浼」。「浼浼」，水大貌也。

段注：「古音免聲字，多在十三部。毛傳曰：浼浼，平地也。按浼浼與亹亹同，如亹亹文王，即勉勉文王也。《吳都賦》：清流亹亹。李注引《韓詩》：亹亹，水流進皃。此必《毛詩》浼浼之異文。許引此《詩》者，言假借之義也。」

污𣲷wū　　薉也。一曰：小池為污。一曰：塗也。从水，于聲。〔烏故切〕

【注釋】

本義是污穢、污染。

在小池意義上用同「洿」，污有塗染義，今有「污染」「污蔑」。蔑亦有塗抹義，同步引申也。又謂地形低下，常「污隆」連用，謂高低也。又指姦邪、行為不正，今有「貪官污吏」。墨有污穢義，有貪義，同步引申也。

段注：「《艸部》曰：薉者，蕪也。地云蕪薉，水云污薉，皆謂其不潔清也。一曰：塗也。與杇義略同，《木部》曰：杇，所以塗也。」

湫𣸂qiū / jiǎo　　隘，下也。一曰：有湫水，在周地。《春秋傳》曰：「晏子之宅湫隘。」安定朝那有湫泉。从水，秋聲。〔子了切〕，又〔即由切〕

【注釋】

連篆為讀。湫隘，下也。本義是地勢低窪。湫隘者，低濕狹小也。

引申為集聚不散義，《左傳》:「勿使有所壅閉湫底。」湫常用義是水池，浙江雁蕩山有瀑布「大龍湫」。又有涼義，宋玉《高唐賦》:「湫兮如風，淒其如雨。」

段注：「安定朝那有湫淵。淵各本作泉，唐人避諱改也，今正。朝那湫今在平涼府固原州西南。」

潤 rùn　　水曰潤下。从水，閏聲。〔如順切〕

【注釋】

本義是滋潤、潤澤。

引申出雨水義，「大潤」，大雨也。《後漢書》:「比日密雲，遂無大潤。」又有潮濕義，如「月暈而風，礎潤而雨」。有利益義，今有「利潤」「分潤」。澤亦有以上四義，同步引申也。閏聲，聲兼義也，見「閏」字注。

準 zhǔn（准）　　平也。从水，隼聲。〔之允切〕

【注釋】

今簡化字作准，古俗字也。

準的本義是一種測量水平的器具，引申為準則義，動詞則有依據義，如「一切準此」。引申有測量義，如「準高下」。引申有差不多、接近義，地理學上有「準靜止峰」。

又有鼻子義，《漢書》:「高祖為人，隆準而龍顏。」宋代寇準，字仲平，名字相依也。《史記》有《平準書》，是談物價、經濟政策的，《漢書》叫《食貨志》。

段注：「水平謂之準，因之制平物之器亦謂之準。《漢志》：繩直生準。準者，所以揆平取正是也，因之凡平均皆謂之準。《考工記》：準之然後量之，《易・繫辭》『易與天地準』是也。」

汀 tīng　　平也。从水，丁聲。〔他丁切〕 汀，或从平。

【注釋】

水邊的平地。「汀線」謂海岸被海水侵蝕而成的線狀的痕跡。從平聲，聲兼義也。

段注：「水平謂之汀，因之洲渚之平謂之汀。李善引《文字集略》云：水際平沙也。乃引申之義耳。」

汓 nǜ　水文也，又溫也。从水，丑聲。〔人九切〕

瀵 fèn　水浸也。从水，糞聲。《爾雅》曰：瀵，大出尾下。〔方問切〕

【注釋】

水由地面下噴出漫溢。從地層深處噴出地表的水叫作瀵泉。

段注：「水漫也。漫各本作浸，今依《集韻》訂。瀵者，水之引而愈出也。曼、瀵聲類相近。」

漼 cuǐ　新也。从水，辠聲。〔七罪切〕

【注釋】

段注：「謂水色新也，如玉色鮮曰玼。《廣韻》曰：新水狀也。」蓋《詩經》「新臺有洒」之本字也。

瀞 jìng　無垢薉也。从水，靜聲。〔疾正切〕

【注釋】

此乾淨之本字也。《說文》：「淨，魯北城門池也。」本義是護城河之名，非本字明矣，見前「淨」字注。

段注：「此今之淨字也，古瀞今淨，是之謂古今字。古籍少見，《韻會》云：《楚辭》：收潦而水清。注作『瀞』。按今《文選》本作百川靜，洪興祖本作百川清，皆與黃氏所見異。古書多假清為瀞。」

濊 mò　拭滅貌。从水，蔑聲。〔莫達切〕

泧 huó　濊泧也。从水，戉聲。讀若椒樧之樧。又〔火活切〕

洎 jì　灌釜也。从水，自聲。〔其冀切〕

【注釋】

本義是往鍋裏添水。

《呂氏春秋》：「市丘之鼎以烹雞，多洎之水則淡而不可食，少洎之則焦而不熟。」又有肉汁義，《左傳》:「去其肉，而以其洎饋。」常用義是到、至，如「自古洎今」。河南有雙洎河，溱水和洧水是其兩個支流，二支流匯合後稱為雙洎河，得名於灌注也。

段注:「灌者，沃也。沃今江蘇俗云燠，烏到切。《廣韻．三十七號》云：燠釜，以水添釜也。《周禮．士師》: 洎鑊水。注云：洎，謂增其沃汁。《呂覽》: 多洎之，少洎之。《左傳》: 去其肉而以其洎饋。正義云：洎者，添釜之名，添釜以為肉汁，遂名肉汁為洎。」

湯 tāng　熱水也。从水，昜聲。〔土郎切〕

【注釋】

汤乃草書楷化俗字。本義是熱水，古「面湯」者，洗臉水也。今「赴湯蹈火」保留本義。今日本洗澡堂招牌上常寫一「湯」字，保留本義。

渜 nuǎn　湯也。从水，耎聲。〔乃管切〕

【注釋】

溫水也。煗、暝同源詞也。

洝 àn　渜水也。从水，安聲。〔烏旰切〕

【注釋】

本義是溫水。段注:「《日部》曰：安曅，溫也。然則洝渜猶安曅，皆疊韻字。」

洏 ér　洝也。一曰：煮孰也。从水，而聲。〔如之切〕

【注釋】

本義是溫水，又有煮熟義，《說文》:「胹，爛也。」同源詞也。「漣洏」，淚流不止貌，洏通而，形容詞詞尾。

涗 shuì　財溫水也。从水，兌聲。《周禮》曰：以涗漚其絲。〔輸芮切〕

涫 guān　沸也。从水，官聲。酒泉有樂涫縣。〔古丸切〕

【注釋】

段注：「今燕俗名湯熱為觀，觀即涫。今江蘇俗語沸水曰滾水。滾水即涫，語之轉也。」

涾 tà　　涫溢也。今河朔方言謂沸溢為涾。从水，沓聲。〔徒合切〕

汏 tài（汰）　　淅灡也。从水，大聲。〔代何切〕，又〔徒蓋切〕

【注釋】

今作汰字。本義是淘米。

引申為淘汰義，即選擇也。又有水波義，《九章》：「齊吳榜以擊汰。」又通「泰」，奢侈也，《世說新語》：「後諸王驕汰，輕構禍難。」

段注：「《士喪禮》：祝淅米於堂。注：淅，汏也。《釋詁》曰：汏，墜也。汏之則沙礫去矣，故曰墜也。《九章》：齊吳榜以擊汏。吳，大也。榜，楫也。言齊同用大楫擊水而行，如汏灑於水中也。按凡沙汏、淘汏用淅米之義引申之。或寫作汰，多點者誤也。若《左傳》汏侈、汏輈字，皆即泰字之假借，寫作汰者亦誤。」

又段注：「汏即泰之隸省，隸變而與淅米之汏同形，作汰者誤字。」見「泰」字注。

灡 jiǎn　　浙也。从水，簡聲。〔古限切〕

【注釋】

浙，淅之訛字。本義是淘米。段注：「从簡者，柬擇之意。从析者，分別之意，故二字轉注（互相解釋）。」

淅 xī　　汏米也。从水，析聲。〔先擊切〕

【注釋】

本義是淘米，今「淅淅瀝瀝」者，假借字也。「淅淅」，風聲，如「秋風淅淅吹巫山」。「淅颯」指輕微的動作聲。

段注：「《毛詩》傳曰：釋，淅米也。《爾雅》：溞溞，淅也。《孟子》注曰：淅，漬米也。凡釋米、淅米、漬米、汏米、灡米、淘米、洮米、漉米，異稱而同事。淅箕謂之籅。」

滰（篆）jiàng　　**浚乾漬米也。从水，竟聲。《孟子》曰：夫子去齊，滰淅而行。〔其兩切〕**

【注釋】

將泡過的米濾乾。段注：「自其方漚未淘言之曰漬，米不及淘，抒而起之曰滰。」

溲（篆）sǒu　　**浸渼也。从水，叟聲。〔疏有切〕**

【注釋】

溲有浸泡義，此本義也。

淘米是後起義，《聊齋誌異》：「析薪溲米。」「溲箕」謂竹編的淘米用具。《集韻》：「叟，叟叟，淅米聲。通作溲。」又指排泄大小便，特指小便。

浚（篆）jùn　　**杼也。从水，夋聲。〔私閏切〕**

【注釋】

杼，抒之俗體。抒，舀取也。本義是舀水。常用義是疏通，今有「疏浚」。浚本舀取，泛指取得、榨取，《國語》：「浚民之膏澤以實之。」

段注：「抒者，挹也，取諸水中也。《春秋經》：浚洙，《孟子》：使浚井，《左傳》：浚我以生，義皆同。浚之則深，故《小弁》傳曰：浚，深也。」

瀝（篆）lì　　**浚也。从水，歷聲。一曰：水下滴瀝。〔郎擊切〕**

【注釋】

本義是濾，漉，如「瀝酒」。

「一曰：水下滴瀝」，今常用義也，謂下滴也，今有「嘔心瀝血」，謂滴血也。又指液體滲出來的點滴，如「餘瀝」。

漉（篆）lù（淥）　　**浚也。从水，鹿聲。**（篆）**漉，或从彔。〔盧谷切〕**

【注釋】

浚者，舀取也。取久必乾，故漉本義是乾涸，《禮記》：「仲春之月，無漉陂池。」又有過濾、滲濾義，《七步詩》：「漉豉以為汁。」今有「漉酒」。

《戰國策》：「漉汁灑地，白汗交流。」漉，滲也。或曰，浚有過濾義，見上「瀝」

字注，則漉之本義是過濾，濾久則乾，故引申為乾義。亦通。

潘 pān　　**淅米汁也。一曰：水名，在河南滎陽。从水，番聲。〔普官切〕**

【注釋】

本義是淘米水，與「瀋」同義。

灡 lán　　**潘也。从水，蘭聲。〔洛干切〕**

【注釋】

本義是淘米水。古同「瀾」，水波。

段注：「此字以从蘭，與大波之瀾別，而古書通用。《內則》曰：其間面垢，燂潘請靧。鄭云：潘，米瀾也。按瀾者，灡之省。」

泔 gān　　**周謂潘曰泔。从水，甘聲。〔古三切〕**

【注釋】

本義是淘米水。

滫 xiū / xiǔ　　**久泔也。从水，脩聲。〔息流切〕，又〔思酒切〕**

【注釋】

本義是放置時間長了的淘米水。

引申為髒水。《荀子》：「蘭槐之根是為芷，其漸之滫，君子不近，庶人不服，其質非不美也，所漸者然也。」從脩聲，聲兼義也。脩，長也。

澱 diàn（淀）　　**滓滋也。从水，殿聲。〔堂練切〕**

【注釋】

今簡化字作淀，古之俗字也。本義是沉澱。

段注：「《釋器》曰：澱謂之垽。《土部》曰：垽，澱也。《黑部》曰：黰謂之垽。按黰與澱異字而音義同，實則一字也。」

淤 yū　　**澱滓，濁泥。从水，於聲。〔依據切〕**

【注釋】

本義是淤泥。

滓 zǐ 澱也。从水，宰聲。〔阻史切〕

【注釋】

本義是沉澱。

段注：「《釋名》曰：緇，滓也。泥之黑者曰滓，此色然也。《廣雅》曰：澱謂之滓。按古亦假滓為緇。」

淰 niǎn 濁也。从水，念聲。〔乃忝切〕

【注釋】

本義是混濁。

瀹 yuè 漬也。从水，龠聲。〔以灼切〕

【注釋】

本義是浸漬。常用義煮也，如「瀹茗」。又有疏導河道義，《孟子》：「禹疏九河，瀹濟漯，而注諸海。」

灑 jiǎo 釃酒也。一曰：浚也。从网，从水，焦聲。讀若《夏書》：天用剿絕。〔臣鉉等曰：以縑帛漉酒，故从网。〕〔子小切〕

【注釋】

段注：「釃，下酒也。即今之漉酒也，以筐曰釃。」

漀 qǐng 側出泉也。从水，殸聲。殸，籀文磬字。〔去挺切〕

【注釋】

段注：「側出者，旁出。《爾雅·釋水》曰：氿泉穴出。穴出，仄出也。毛傳：側出曰氿泉。許《厂部》曰：厬，仄出泉也。厬與氿音同字異。漀者，厬之一名也。」

湑 xǔ 莤酒也。一曰：浚也。一曰：露貌。从水，胥聲。《詩》曰：有酒湑我。又曰：零露湑兮。〔私呂切〕

【注釋】

本義是濾去酒渣。

又指濾過的酒，《詩經》：「迨我暇矣，飲此湑矣。」「一曰：浚也」，段注：「此亦同漉、瀝，義可二兼。」「一曰：露貌」，謂露濃貌也。《詩》：「蓼彼蕭斯，靈露湑兮。」又指茂盛義，《詩經》：「有杕之杜，其葉湑湑。」

段注：「《小雅·伐木》云：釃酒有藇。傳曰：以筐曰釃，以藪曰湑。又云：有酒湑我。傳曰：湑，莤之也。按毛、許釃、莤皆有別，《酉部》云：莤者，禮祭束茅加於祼圭而灌鬯酒，是為莤。」

湎 miǎn　沉於酒也。从水，面聲。《周書》曰：罔敢湎於酒。〔彌兗切〕

【注釋】

本義是沉迷於酒。今有「沉湎」。段注：「《韓詩》：飲酒閉門不出客曰湎。《樂記》：流湎以忘本。其引申之義也。」

𣾴 jiāng（漿）　酢𣾴也。从水，將省聲。〔即良切〕 古文漿，省。

【注釋】

今隸變作漿。酢者，醋也。本義是醋漿。

涼 liáng（凉）　薄也。从水，京聲。〔呂張切〕

【注釋】

凉，古俗字也，今簡化字採之，一筆之省，理據盡失。

本義是酒味淡，引申為少、薄，如「涼德之人」，謂寡德也。《竇娥冤》：「遇時節將碗涼漿奠。」「涼漿」猶薄酒也。又有輔助義，當通「亮」，《爾雅》：「亮，助也。」《詩經》：「涼彼武王。」

段注：「許云薄也，蓋薄下奪一酒字，以水和酒，故為薄酒。引申之為凡薄之稱，如職涼善背、號多涼德，毛、杜皆云：涼，薄。是也。薄則生寒，又引申為寒，如北風其涼，是也。至《字林》乃云：凉，微寒也。《廣韻》《玉篇》皆云：凉，俗涼字。至《集韻》乃特出凉字，注云：薄寒曰凉。」

淡 dàn　薄味也。从水，炎聲。〔徒敢切〕

【注釋】

本義是味淡，泛指淡。

段注：「醲之反也。《酉部》曰：醲，厚酒也。又澹淡亦作淊淡，水滿皃。」

涒 tūn　　食已而復吐之。从水，君聲。《爾雅》曰：太歲在申曰涒灘。〔他昆切〕

【注釋】

食後嘔吐。本義罕見。

涒灘，十二歲陰之一。古代十二地支中「申」的別稱，用於紀年。太歲在申，稱為涒灘。段注：「高誘曰：涒，大也。灘，循也。萬物皆大循其情性也。」

先秦用太歲（歲陰）紀年法，還取了攝提格、單閼等十二個太歲年名作為「太歲在寅」「太歲在卯」等十二個年份的名稱。十二個歲陰和十二地支對應：太歲在寅曰攝提格，在卯曰單閼，在辰曰執徐，在巳曰大荒落，在午曰敦牂，在未曰協洽，在申曰涒灘，在酉曰作噩，在戌曰閹茂，在亥曰大淵獻，在子曰困敦，在丑曰赤奮若。這叫歲陰紀年。

大概在西漢年間，曆家又取了閼逢（太歲在甲）、旃蒙（太歲在乙）、柔兆（丙）、強圉（丁）、著雍（戊）、屠維（己）、上章（庚）、重光（辛）、玄黓（壬）、昭陽（癸）十個名稱，叫作歲陽，這叫歲陽紀年。參《爾雅．釋天》。但習慣上只重視歲陰紀年。

後來十個歲陽依次和上述十二個太歲年名相配（配法和六十甲子相同），組合成為六十個年名，以閼逢攝提格（甲寅年）為第一年，旃蒙單閼為第二年，其餘由此類推，六十年周而復始。歲陽、歲陰紀年結合即是干支紀年法的前身。東漢改用四分曆，採用干支紀年，廢除了太歲紀年法。

澆 jiāo　　沃也。从水，堯聲。〔古堯切〕

【注釋】

本義是澆灌，常用義是薄，今有「澆薄」。

段注：「凡濃者澆之則薄，故引申為薄。」今有「借酒澆愁」，澆非澆灌義，乃犒勞、慰勞義，類似有「澆手」「澆客」「澆書」。

液 yè　　盡也。从水，夜聲。〔羊益切〕

【注釋】

本義是津液。

汁 zhī　液也。从水，十聲。〔之入切〕

【注釋】

段注：「古經傳多假汁為叶。《方言》曰：斟、協，汁也。北燕朝鮮洌水之間曰斟，自關而東曰協，關西曰汁。此兼瀋汁、和叶而言。汁液必出於和協，故其音義通也。」

據段注，《方言》亦有「二義同條」之例也。

滒 gē　多汁也。从水，哥聲。讀若哥。〔古俄切〕

【注釋】

多汁也，又黏稠義。

段注：「《淮南・原道訓》曰：甚淖而滒。高云：滒亦淖也。饘粥多瀋者曰滒，讀歌謳之歌。按今江蘇俗語謂之稠也。」

灝 hào　豆汁也。从水，顥聲。〔乎老切〕

【注釋】

本義是豆汁。引申白、浩大義，多指水勢大，《廣韻》：「灝溔，水勢遠也。」灝灝，同「浩浩」，大貌。豆汁白，從顥，聲兼義也。

溢 yì　器滿也。从水，益聲。〔夷質切〕

【注釋】

本義是水滿了，溢出來。泛指超過，如「溢美之辭」，謂過分誇獎也。「溢出此數」謂超過此數也。

段注：「二十兩曰溢。按謂二十兩溢者，謂滿於一斤十六兩之外也。後人因製鎰字。」

洒 xǐ　滌也。从水，西聲。古文為灑埽字。〔先禮切〕

【注釋】

今洗滌字本字作洒，今洒水字本字作灑。詳見「盥」字注。

常用義有肅敬貌，《禮記》:「受一爵而色洒如也。」又驚異貌，《莊子》:「吾洒然異之。」又高峻貌，音 cuǐ，當是「峻」之假借。《詩經》:「新臺有洒，河水浼浼。」

段注：「今人假洗為洒，非古字。按古有假洒為峻陗之峻者，如《詩》：新臺有洒。《爾雅》：望厓洒而高，岸；夷上洒下，漘。《毛詩》：洒，高峻也。

古文為灑掃字，奪以字，今依全書通例補。凡言某字古文以為某字者，皆謂古文假借字也。灑、洒本殊義而雙聲，故相假借。凡假借多疊韻，或雙聲也。《毛詩》洒、掃四見，傳云：洒，灑也。以漢時所用字正古文也。」

鵬按：有的「以某為某」是說明形借現象，或不同時代的同字異詞現象。

滌 dí　洒也。从水，條聲。〔徒歷切〕

【注釋】

本義是洗滌。

引申出打掃、掃除，《詩經》:「十月滌場。」蕩亦有洗滌和打掃義，同步引申也。滌多指洗器物，濯範圍最廣，既可指洗衣，洗器物，也可指洗手足。

段注：「《皿部》曰：蕩，滌器也。引申為凡青瀞之詞。如《七月》傳曰：滌場，埽地。《雲漢》傳曰：滌滌，旱氣也。山無木，川無水是。」

濈 jí　和也。从水，戢聲。〔阻立切〕

【注釋】

今和輯之本字也。輯有和睦義，《爾雅》:「輯，和也。」今有「輯睦」，本字當是濈。戢聲，聲兼義也。

瀋 shěn（沈）　汁也。从水，審聲。《春秋傳》曰：猶拾瀋。〔昌枕切〕

【注釋】

簡化字作沈。本義是汁液，今有「墨瀋未乾」。沈、瀋之辨，見前「沈」字注。段注：「北土呼汁為瀋。按《禮記．檀弓》：為榆沈。假沈為瀋。」

渳 mǐ　飲也。从水，弭聲。〔綿婢切〕

【注釋】

《廣雅》:「湖，飲也。」又指用秬鬯洗屍體。《周禮》:「王崩，大肆，以秬鬯湖。」段注:「按浴屍則釁屍口鼻，與飲歃義相近。」

潠𣸮shà / suō　　飲歃也。一曰：吮也。从水，算聲。〔衫洽切〕，又〔先活切〕

【注釋】

今用嘴唆之本字也。又或涮字也。

漱𣽅shù　　蕩口也。从水，欶聲。〔所右切〕

【注釋】

蕩者，沖洗。本義是漱口。引申有洗滌、沖刷義，如「懸泉瀑布，飛漱其間」，李清照詞集為《漱玉詞》，濟南有漱玉泉。

泂𣶒jiǒng　　滄也。从水，冋聲。〔戶褧切〕

【注釋】

本義是涼、冷，《廣雅》:「泂，寒也。」常用有遠也，通「迥」，又深廣也。

段注:「此義俗从仌作泂，《篇》《韻》泂皆訓冷，是也。《大雅》: 泂酌彼行潦。毛曰：泂，遠也。此謂泂即迥之假借也。」

滄𣵽cāng　　寒也。从水，倉聲。〔七岡切〕

【注釋】

本義是涼。《兩小兒辯日》:「日始出，滄滄涼涼。」「滄熱」，冷熱也。滄又有青綠色，今有「滄海桑田」。「滄浪」謂青綠色，如「垂影滄浪泉」。段注:「《仌部》滄字音義同。」

瀞𤄞qìng　　冷寒也。从水，靚聲。〔七定切〕

【注釋】

《廣雅》:「瀞，寒也。」張舜徽《約注》:「湖湘間稱寒水沁人骨股曰瀞人，夏令北風驟寒曰涼瀙，正讀七定切，蓋古語也。」

段注：「《世說新語》：何乃渹。注云：吳人以冷為渹。《太平御覽》引此事作瀙。《集韻》《類篇》皆云：『渹、瀙二同，吳人謂冷也。』今吳俗冷物附他物，其語如鄭國之鄭，即瀙字也。」

淬 cuì　滅火器也。从水，卒聲。〔七內切〕

【注釋】

《廣雅》：「淬，寒也。」把燒紅的鑄件往水裏一浸令其急速冷卻，用以提高合金的硬度和強度，謂之淬，今有「淬火」，引申為磨煉，如「淬礪金石之志」「淬煉」。

段注：「滅火器者，蓋以器盛水濡火使滅，其器謂之淬。與《火部》之焠義略相近，故焠通作淬。」

沐 mù　濯髮也。从水，木聲。〔莫卜切〕

【注釋】

本義是洗髮。

見前「盥」字注。「沐浴」謂沉浸在某種環境中，如「沐浴所聞」「沐浴聖恩」。沐引申有濕潤、潤澤義，《後漢書》：「京師冬無宿雪，春不燠沐。」

沬 huì　洒面也。从水，未聲。〔荒內切〕 古文沬，从頁。

【注釋】

本義是洗臉。見前「盥」字注。

段注：「《說文》作頮，从兩手匊水而洒其面，會意也。《內則》作靧，从面，貴聲。蓋漢人多用靧字。沬、頮本皆古文，小篆用沬，而頮專為古文。或奪其収，因作湏矣。」

浴 yù　洒身也。从水，谷聲。〔余蜀切〕

【注釋】

本義是洗身。見前「盥」字注。

段注：「《老子》：浴神不死。河上公曰：浴，養也。《夏小正》：『黑鳥浴。』浴也者，飛乍高乍下也，皆引申之義也。」

澡 zǎo　洒手也。从水，喿聲。〔子皓切〕

【注釋】

本義是洗手。見前「盥」字注。泛指洗，如「澡雪精神」。

段注：「《皿部》曰：盥，澡手也。《儒行篇》曰：澡身而浴德。其引申之義。」

洗 xǐ　洒足也。从水，先聲。〔穌典切〕

【注釋】

本義是洗腳。見前「盥」字注。跣是光腳，同源詞也。泛指清除，今有「洗冤」。又指古代一種洗具，今有「筆洗」，用來洗毛筆的器皿。

古有「太子洗馬」一職，或作「洗馬」，也作「先馬」，是太子的侍從官，即在馬前驅馳之義。秦漢始置，太子出行時為先導，漢時亦作「先馬」「前馬」。故「洗馬」即先馬，有馬前卒之義，《韓非子》：「身執干戈為吳王洗馬。」

段注：「《內則》曰：面垢，燂潘請靧。足垢，燂湯請洗。此洒面曰靧、洒足曰洗之證也。洗讀如跣足之跣，自後人以洗代洒滌字，讀先禮切。沿至近日以洒代灑，轉同《詩》《禮》之用矣。先聲，穌典切。」

據段注，洗，本音穌典切，音 xiǎn，今音 xǐ 乃洒之訓讀音。

汲 jí　引水於井也。从水，从及，及亦聲。〔居立切〕

【注釋】

本義是從井裏打水。

引申為拔擢、汲取義，「汲引」謂提拔人才。汲，引也。有舉薦、提拔義，也有引導義，《左傳》：「汲鄭伯逃歸陳侯。」引也有此二義，同步引申。

段注：「其器曰缾、曰罋，其引罋之繩曰綆、曰繘。引申之，凡擢引皆曰汲。《廣雅》曰：汲，取也。古書多用汲汲為彶彶，同音假借。」

今有「汲汲以求」者，急切貌，《漢書》：「不汲汲於富貴，不戚戚於貧賤。」本字當作彶，《說文》：「彶，急行也。」段注：「凡用汲汲字，乃彶彶之假借也。」

淳 chún　淥也。从水，享聲。〔常倫切〕

【注釋】

本義是澆灌，音 zhūn，如「淳而漬之」。常用義是淳樸、淳厚，乃純、醇之假借也。

段注：「《內則》《考工記》注皆曰：淳，沃也。依《經典釋文》之純反，常倫反乃不澆之訓，純、醇二字之假借也，假借行而本義廢矣。」

淋 lín　**以水沃也。从水，林聲。一曰：淋淋，山下水皃。〔力尋切〕**

【注釋】

本義是澆。「淋漓」謂濕淋淋往下滴，今有「墨蹟淋漓」「大汗淋漓」。

渫 xiè　**除去也。从水，枼聲。〔私列切〕**

【注釋】

此泄露之本字也。泄本水名，非本字明矣。段注：「按凡言泄漏者，即此義之引申，變其字為泄耳。」

本義是除去，《周易》：「井渫不食，為我心惻。」此謂除井底污泥也。引申為分散、疏通義，即泄也。《論貴粟疏》：「粟有所渫。」謝朓詩：「渫雲已漫漫。」引申歇、停止義，曹植《七啟》：「為歡未渫，白日西頹。」

瀚 huàn（浣）　**濯衣垢也。从水，倝聲。** 瀚，**或从完。〔胡玩切〕**

【注釋】

今通行重文浣，洗也，如「浣溪沙」。唐代官吏十天一次休息沐浴，將每月分為上浣、中浣、下浣，後來指上旬、中旬、下旬。

段注：「按作澣者，今俗字也。按《儀禮》古文假浣為盥，《公羊傳》亦有此字。」

濯 zhuó　**浣也。从水，翟聲。〔直角切〕**

【注釋】

濯的範圍很廣，見「滌」字注。「濯濯」謂有光澤貌，《詩經》：「鉤膺濯濯。」又娛遊貌，如「濯濯之麟」。《爾雅》：「濯，大也。」

段注：「《崧高》傳曰：濯濯，光明也。《靈臺》傳曰：濯濯，娛遊也。皆引申之義也。」

涑 sōu　**浣也。从水，束聲。河東有涑水。〔速侯切〕**

【注釋】

以手洗曰湅，以足洗曰浣。段注：「鄭云：手曰湅，足曰澣。」

湅水在山西，音 sù。司馬光為山西省夏縣湅水鄉人，故稱之為湅水先生，或叫湅水翁，著有《湅水記聞》。

潎 pì　於水中擊絮也。从水，敝聲。〔匹蔽切〕

【注釋】

見「漂」字注。朱駿聲《通訓定聲》：「今蘇俗語謂之漂。」

浝 lǒng / máng　塗也。从水，从土，尨聲。讀若隴。又〔亡江切〕

【注釋】

塗，泥也。泥塗，水土攪和而成，河南謂之「泥糊塗」者是也。

灑 sǎ（洒）　汛也。从水，麗聲。〔山豉切〕

【注釋】

本義是灑水。洒、灑之辨，見前「盥」字注。

汛 xùn　灑也。从水，卂聲。〔息晉切〕

【注釋】

本義是灑水。段注：「楊雄《劇秦美新》云：況盡汛掃前聖數千載功業。汛掃，灑掃也。俗用為潮汛字。」

染 rǎn　以繒染為色。从水，杂聲。〔徐鍇曰：《說文》無杂字。裴光遠云：「从木，木者所以染，梔、茜之屬也。从九，九者染之數也。」未知其審。〕〔而琰切〕

【注釋】

本義是把布帛染色。段注：「按裴說近是。」「染指」一詞，見「食」字注。

泰 tài　滑也[1]。从廾，从水，大聲。〔他蓋切〕〔臣鉉等曰：本音他達切，今《左氏傳》作汏輔，非是。〕古文泰[2]。

【注釋】

［1］本義是順利、通暢。

有種治療便秘的藥，名為「肛泰」，取名甚佳。《周易》有泰卦，天地相交，通順謂之泰；有否卦，天地不相交，不通順謂之否。通則安，引申為平安義，今有「國泰民安」，山東有泰安市。

太、泰古通用，故泰有過分義，如「侈泰」。有極義，如「泰西」，舊指歐洲。「泰古」即太古，謂最古的時代。今對於大兩輩的長輩加太字也取此義，如「太爺爺」「太師傅」。引申有寬裕、大方義，《荀子》：「凡慮事欲孰，而用財欲泰。」

段注：「按隸作泰，字形字音字義皆與古絕異。滑則寬裕自如，故引申為縱泰，如《論語》：泰而不驕，是也。又引申為泰侈，如《左傳》之汏侈，《西京賦》之心奓體泰，是也。汏即泰之隸省，隸變而與淅米之汏同形，作汰者誤字。」

［2］太、泰本一字之異體，後分別異用。

段注：「後世凡言大而以為形容未盡則作太，如大宰俗作太宰，大子俗作太子，周大王俗作太王是也。謂太即《說文》夳字，夳即泰，則又用泰為太。」太空即大空，太監即大監也，類今之總監。泰山大，故名。見前「岱」字注。

潤 yán　　海岱之閒謂相污曰潤。从水，閻聲。〔余廉切〕

濽 zàn　　污灑也。一曰：水中人。从水，贊聲。〔則旰切〕

【注釋】

濺也。

㴙 chóu　　腹中有水气也。从水，从愁，愁亦聲。〔士尤切〕

湩 dòng　　乳汁也。从水，重聲。〔多貢切〕

【注釋】

本義即乳汁。段注：「或藉重字為之，《漢書·匈奴傳》：重酪之便美。」

洟 𣶐 tì　　鼻液也。从水，夷聲。〔他計切〕

【注釋】

本義是鼻涕。涕本義為眼淚，後涕變為鼻涕。

段注：「自目曰涕，自鼻曰洟。《檀弓》：垂涕洟。正義：目垂涕，鼻垂洟。《詩·陳風》：涕泗滂沱。毛傳：自目曰涕，自鼻曰泗。泗即洟之假借字也。古書弟、夷二字多相亂，於是謂自鼻出者曰涕，而自目出者別製淚字，皆許不取也。《素問》謂目之水為淚，謂腦滲為涕（鼻涕俗稱腦漿子）。王褒《童約》：目淚下落，鼻涕長一尺。《曹娥碑》：泣淚掩涕，驚動國都。漢魏所用已如此。」

古代一般涕指眼淚，泗指鼻涕，後來淚代替了涕，涕代替了泗，而泗一般不用了。據段注，「涕」「洟」字形相亂，導致字義沾染，「涕」也就有了鼻涕義。

潸 𣸣 shān　　涕流貌。从水，散省聲。《詩》曰：潸焉出涕。〔所奸切〕

【注釋】

今有「淚潸潸」。「潸然」「潸焉」謂流淚貌。

汗 𣱵 hàn　　人液也。从水，干聲。〔侯旰切〕

【注釋】

本義即汗水，古人用竹簡書寫，竹簡在使用前需用火烤出汁，用以防蛀，稱為汗簡或汗青。「汗竹」代指書冊。「汗青頭白」，書成人老也。

泣 𣲖 qì　　無聲出涕曰泣。从水，立聲。〔去急切〕

【注釋】

今有「抽泣」，有淚無聲謂之泣，有聲有淚謂之哭，有聲無淚謂之嚎。代指眼淚，《史記》：「太后哭，泣不下。」今有「泣如雨下」。

段注：「哭下曰：哀聲也。其出涕不待言，其無聲出涕者為泣，此哭泣之別也。《尚書大傳》曰：微子將往朝周，過殷之故墟，志動心悲，欲哭則為朝周，俯泣則近婦人，推而廣之作雅聲，謂之麥秀歌。」

涕 𣴻 tì　　泣也。从水，弟聲。〔他禮切〕

【注釋】

本義指哭泣，引申作名詞眼淚。杜甫詩：「憑軒涕泗流。」後指鼻涕，見前「洟」字注。

段注：「按『泣也』二字，當作『目液也』三字，轉寫之誤也。毛傳皆云：自目出曰涕。《篇》《韻》皆云：目汁。泣非其義。」

湅 liàn　　瀟也。从水，柬聲。〔郎甸切〕

【注釋】

段注：「《周禮·染人》：凡染，春暴練。注云：暴練，練其素而暴之。按此練當作湅，湅其素，素者，質也，即《㡛氏》之湅絲、練帛也。許不以湅、瀟二篆為伍者，瀟謂米，湅謂絲帛也。治金曰煉，猶治絲帛曰湅。」

讞 yàn（讞）　　議辠也。从水、獻。與法同意。〔魚列切〕

【注釋】

讞之本字也，審判定罪，今有「定讞」。

《說文》無讞字。「與法同意」謂與「法」造字理據同，均從水，取水之平也。段注：「灋（法）以三體會意，瀛以二體會意。灋下云：平之如水，从水。瀛之从水同也。瀛以會意包形聲，灋則專會意。」

渝 yú　　變污也。从水，俞聲。一曰：渝水，在遼西臨俞，東出塞。〔羊朱切〕

【注釋】

本義是變髒，段注：「許謂瀞而變污。」

泛指改變，今有「矢志不渝」。本義訓為「變污」，故渝既有變義，也有污義，如「質真若渝」。又有泛濫義，木華《海賦》：「沸潰渝溢。」

減 jiǎn（减）　　損也。从水，咸聲。〔古斬切〕

【注釋】

損者，減少也。今簡化漢字作减，一筆之省，理據盡失。引申少於、次於，今有「不減當年」，《世說新語》：「此兒風采神秀，後當不減王東海。」

滅 mie（灭）　　盡也。从水，烕聲。〔亡列切〕

【注釋】

今簡化漢字作灭，俗字也，省去部分構件而成。引申為被水淹過，如「未致家，水已滅其庭院」，今有「滅頂之災」。

漕 cáo　　水轉穀也。一曰：人之所乘及船也。从水，曹聲。〔在到切〕

【注釋】

今有漕運，水路也。「漕河」謂運糧的河道。段注：「車運曰轉，水運曰漕。」

泮 pàn　　諸侯鄉射之宮，西南為水，東北為牆。从水，从半，半亦聲。〔普半切〕

【注釋】

古者學在官府，官師合一，學校不但是學文化的地方，也是舉行各種典禮（如鄉射禮）之所。天子的學校叫辟雍，諸侯的學校叫泮宮。辟雍四面環水，泮宮三面環水，北面無水，故為半圓形。故後來把學校叫作泮宮，簡稱泮，學生入學叫「入泮」。後來學校前面多有一個橢圓形的水池子，叫泮池，蓋古泮水之遺跡也。

泮者，半也，故有分開、分解義，如「天地剖泮」「冰未泮」。段注：「《詩》：迨冰未泮。傳云：泮，散也。此假泮為判也。《隰則有泮》傳云：泮，坡也。此假泮為畔也。」

段注：「《魯頌》曰：思樂泮水。又曰：既作泮宮。毛曰：泮水，泮宮之水也。天子辟廱，諸侯泮宮。《王制》曰：天子曰辟廱，諸侯曰頖宮。鄭云：辟，明也。廱，和也。所以明和天下。頖之言班也，所以班政教也。辟廱者，築土雍水之外圓如璧，四方來觀者均也。泮之言半也，蓋東西門以南通水，北無也。《白虎通》曰：獨南面禮儀之方有水耳。」

漏 lòu　　以銅受水，刻節，晝夜百刻。从水，屚聲。〔盧后切〕

【注釋】

本義是滴漏，古代之計時工具。

今漏水本字作屚，《說文》：「屚，屋穿水下也。」今字皆假漏為屚。古代的漏壺最早是晝夜百刻，後改為晝夜九十六刻，合一個時辰八刻，每刻恰十五分鐘，與今之刻吻合。

澒[篆] **hòng（汞）　丹沙所化，為水銀也。从水，項聲。〔呼孔切〕**

【注釋】

即今之汞字也，省頁作江，移水於下成汞。

段注：「《本艸經》曰：鎔化還復為丹。然則本丹之所化明矣，後代燒煅鑪汱朱砂為之。《淮南書》高注曰：白澒，水銀也。《廣雅》曰：水銀謂之澒。字一作汞。說者分別之云：汞，水銀滓。」

萍[篆] **píng　苹也，水艸也。从水、苹，苹亦聲。〔薄經切〕**

【注釋】

見前「苹」字注。「萍蹤」比喻行蹤不定。

濊[篆] **huì　水多貌。从水，歲聲。〔呼會切〕**

【注釋】

本義是水深。「汪濊」，水渾濁貌。從歲之字多有多亂義，如薉（蕪也）、籆（空大也）。

汩[篆] **gǔ　治水也。从水，曰聲。〔于筆切〕**

【注釋】

本義是治水。

常用義有弄亂、擾亂，《小爾雅》：「汩，亂也。」今有「汩亂」。有沉沒義，今有「汩沒」。李白《日出行》：「羲和，汝奚汩沒於荒淫之波。」又有水流迅速義，本字當是「昦」，見「昦」字注。《九章》：「浩浩沅湘，分流汩兮。」泛指快、迅疾，江淹《恨賦》：「悲風汩起。」《廣雅》：「汩，疾也。」

段注：「《天問》：不任汩鴻，師何以尚之。王云：汩，治也。引申之凡治皆謂汩。汩訓亂，如亂之訓治，故《洪範》：汩陳其五行。汩，亂也。上文淈訓濁，而《釋詁》云：淈，治也。郭景純云：淈、汩同。俗音古忽切，訓汩沒、汩亂。」

文四百六十八　重二十二

瀼 ráng　露濃貌。从水，襄聲。〔汝羊切〕

【注釋】

本義是露水多。

《鄭風》:「野有蔓草，零露瀼瀼。」從襄之字多有眾多義，如穰、釀、瓤等。諧聲與複輔音 sn 有關。

漙 tuán　露貌。从水，專聲。〔度官切〕

【注釋】

本義是露水多貌，《鄭風》:「野有蔓草，零露漙兮。」

專者，團也，聚也，從專之字多有團集義，蓴（蒲叢也）、篿（圜竹器也）、團（圜也）、䏝（小卮有耳蓋者）、摶（圜也）、嫥（壹也）、轉（運也）。

汍 wán　泣淚貌。从水，丸聲。〔胡官切〕

【注釋】

汍瀾，涕泣的樣子。

泯 mǐn　滅也。从水，民聲。〔武盡切〕

瀣 xiè　沆瀣，气也。从水，韰省聲。〔胡介切〕

【注釋】

沆瀣，本義是夜間的水汽，「沆瀣一氣」喻氣味相投的人勾結在一起。

瀘 lú　水名。从水，盧聲。〔洛乎切〕

【注釋】

《出師表》:「五月渡瀘。」瀘水，又名瀘江水，指今金沙江在四川宜賓與雲南四川交界處的一段。

瀟 xiāo　水名。从水，蕭聲。〔相邀切〕

【注釋】

本義即湖南之瀟水。

常與湘水連用，「瀟湘」代指南方楚地，如「君向瀟湘我向秦」。水清而深謂之瀟，《說文》:「潚，深清也。」乃瀟之本字也。「瀟瀟」，謂風雨急貌，今有「風雨瀟瀟」。見前「潚」字注。

瀛 yíng　水名。从水，嬴聲。〔以成切〕

【注釋】

瀛，海也。今有「瀛海」「瀛洲」，古代神話中仙人居住的山，在海上。「瀛眷」，仙眷也，常用作對別人眷屬的敬稱。「瀛寰」，地球水陸的總稱，指全世界。瀛有池澤義，左思《蜀都賦》:「其沃瀛，則有攢蔣從蒲。」

滁 chú　水名。从水，除聲。〔直魚切〕

【注釋】

滁州因滁水而得名，韋應物有《滁州西澗》。

洺 míng　水名。从水，名聲。〔武并切〕

【注釋】

洺河也，在河北省南部。

潺 chán　水聲。从水，孱聲。〔昨閑切〕

【注釋】

「潺湲」謂水流動貌。又指流淚貌，屈原《九歌》:「橫流涕兮潺湲。」

湲 yuán　潺湲，水聲。从水，爰聲。〔王權切〕

【注釋】

潺湲，水流舒緩貌。

濤 tāo　大波也。从水，壽聲。〔徒刀切〕

【注釋】

《說文》原無濤字，有潮字，潮即濤也。見前「淖」字注。

漵xù　**水浦也。从水，敘聲。〔徐呂切〕**

【注釋】

水浦，水邊也。漵又水名，即漵水也，沅江支流。今有地名漵浦，在湖南省，得名於在漵水之濱。

港gǎng　**水派也。从水，巷聲。〔古項切〕**

【注釋】

派者，支流也。港本義是江河的支流，今有「港汊」，從巷，聲兼義也。

瀦zhū（潴）　**水所亭也。从水，豬聲。〔陟魚切〕**

【注釋】

亭者，停也，水積聚的地方。水積聚亦謂之瀦，今有「停瀦」「瀦積」。

瀰mǐ（瀰）　**大水也。从水，镾聲。〔武移切〕**

【注釋】

今作瀰字。又作瀰，水滿也。「瀰瀰」，眾多也。

淼miǎo　**大水也。从三水。或作渺。〔亡沼切〕**

【注釋】

本義是水大，多用於人名，今簡化漢字歸併為渺。

潔jié（洁）　**瀞也。从水，絜聲。〔古屑切〕**

【注釋】

瀞，淨也。本義是乾淨，今簡化作洁，另造之俗字也。

浹jiā　**洽也，从也。从水，夾聲。〔子協切〕**

【注釋】

本義是沾濕、濕透，今有「汗流浹背」。又有普遍、周遍義。「洽」「沾」亦有此二義項，浹、沾、洽，同步引申也。

浹、洽一語之轉。「浹辰」為十二天，乃十二地支循環一周。「浹日」為十天，乃十天干循環一周。

溘 kè　　**奄忽也。从水，盍聲。**〔口苔切〕

【注釋】

奄忽，忽然也。今有「溘然而逝」。「溘逝」，稱人死亡。「溘溘」，水聲也，李賀《塘上行》：「溏水聲溘溘。」又寒冷貌，如「沙堤十里寒溘溘」。

潠 sùn　　**含水噴也。从水，巽聲。**〔穌困切〕

【注釋】

謂含在嘴裹噴水，今音 xùn。

涯 yá　　**水邊也。从水，从厓，厓亦聲。**〔魚羈切〕

【注釋】

本義是水邊，泛指邊，今有「天涯海角」。

文二十三　新附

卷十一下

沝部

沝 zhuǐ　二水也。闕。凡沝之屬皆从沝。〔之壘切〕

㳅 liú（流）　水行也。从沝、㐬。㐬，突忽也。〔力求切〕 篆文，从水。

【注釋】

今通行重文流。重文為小篆，則字頭為大篆、古文明矣，以統率本部首所屬之字故也，此許書之一體例。

本義是水流，引申出流派、派別，今有「三教九流」。古代的目錄學是解釋九流、七略之書，故稱「流略之學」。

段注：「流為小篆，則㳅為古文、籀文可知，此亦二、上之例也。或問曰：何不以流、涉入《水部》，而附㳅、𣶒為重文乎？曰：如是，則沝無所附。沝不附《水部》之末而為部首者，以配《巛部》也。」

𣶒 shè（涉）　徒行厲水也。从沝，从步。〔時攝切〕 篆文，从水。

【注釋】

今通行重文涉。涉之本義是徒步過河。

甲文作，象過河之形，葉玉森《殷墟書契前編集釋》：「古人陸行曰跋，水行曰涉，涉字固不必訓徒涉。卜辭『王涉歸』，猶言王水行歸也。」

引申出經歷義，今有「涉險」「涉世」，如「涉旬月，迫季冬」，謂經歷幾個月。引申進入、到義，《左傳》：「不虞君之涉吾地也。」又引申閱覽義，如「博涉群書」，今有「涉獵」。「閱」有經過義，也有閱讀義，同步引申也。

文三　重二

瀕部

瀕 bīn（濱）　　水厓。人所賓附，頻蹙不前而止。从頁，从涉。凡瀕之屬皆从瀕。〔臣鉉等曰：今俗別作水、賓，是也。〕〔符真切〕

【注釋】

今作濱，水邊也。濱、瀕本一字之異體，後分別異用。頻乃瀕之俗省。

水濱作濱，則瀕為瀕臨字，臨近也，今有「瀕臨」「瀕於絕境」。引申為邊緣義，「濱塞」即邊塞也。又引申臨近靠近義，今有「濱海」。水邊謂之賓，人髮之邊謂之鬢，同源詞也。

段注：「瀕今字作濱，《召旻》傳曰：瀕，厓也。《采蘋》《北山》傳皆曰：濱，厓也。今字用頻訓數，考《桑柔》傳曰：頻，急也。《廣雅》曰：頻頻，比也。此從附近之義引申之，本無二字二音，而今字妄為分別，積習生常矣。」

顰 pín　　涉水顰蹙。从瀕，卑聲。〔符真切〕

【注釋】

今隸變作顰。本義是皺眉，語有「東施效顰」。

文二

く部

く quǎn（甽、畎）　　水小流也。《周禮》：匠人為溝洫，梠廣五寸，二梠為耦。一耦之伐，廣尺，深尺，謂之く。倍く謂之遂，倍遂曰溝，倍溝曰洫，倍洫曰巜。凡く之屬皆从く。〔姑泫切〕甽古文く，从田，从川。畎篆文く，从田，犬聲。六畎為一畝。

【注釋】

今通行重文甽、畎。

本義是田中的水溝，引申為田中的田壟（農作物的行，或行與行間的空地），《漢書》:「播種於甽中。」「甽畝」本義皆田壟義，代指田地。又兩山之間的水道亦謂之甽，《尚書》:「羽甽夏翟。」

先秦的農業灌溉溝洫系統，《周禮》已有記載。有所謂的甽、遂、溝、洫、澮。當時井田制，六尺為一步，三百步是一里。一百步長、一步寬的面積是一畝。一個勞動力（即一夫）能耕種一百畝（古代一畝相當於今三分之一畝），謂之一田。九夫成一井字形，一井之田長寬各一里，恰好九百畝，供九個勞動力耕種。

田內（即一個百畝的方塊田內）壟溝叫甽，寬深各一尺；兩田之間的溝就是遂，即甽頭橫溝，寬深各二尺。井之間的叫溝，寬深各四尺。方十里（長寬各十里的方塊）叫一成，成間的溝叫洫，寬深各八尺。方百里（長寬各百里的方塊）叫一同，同間的溝叫澮，寬深各十六尺。由澮通川（河流），形成甽、遂、溝、洫、澮的五級水網。《遂人》篇敘述遂以上是十夫有溝，百夫有洫，千夫有澮，萬夫有川，也是五級但名稱不同。溝渠上的道路也有五級，即遂上是徑，溝上是畛，洫上是塗，澮上是道，川上是路。

段注:「《漢・食貨志》曰:『趙過能為代田，一畝三甽，古法也。后稷始甽田，以二耜為耦，廣尺、深尺曰甽，長終畝。一畝三甽，一夫三百甽，而播種於甽中。』按長終畝者，長百步也，六尺為步，步百為畝。播種於甽中者，甽中猶甽間，播種於兩甽之間也。深者為甽，高者為田，皆廣尺。三百甽，積廣六百尺，長百步，亦長六百尺，故一夫百畝，其體正方。許云六甽為一畝者，謂其地容六甽耳，與一畝三甽之制非有二也。甽與田來歲互易，即代田之制也。」

鵬按:「六甽為一畝」，此甽指田壟，即農作物行與行之間的空地。六尺為步，百步為畝。一畝地長一百步，寬一步，即長六百尺，寬六尺。故一畝地分為六壟，三個空白的壟和三個種植的壟交替，來年互換耕種，以保肥力，即所謂代田也。故三甽一畝、六甽一畝實則一也，惟劃分的角度不同而已。先秦施行「壟做法」「甽畝法」，見「畝」字注。

文一　重二

巜部

巜 巜 kuài（澮）　**水流澮澮也。方百里為巜，廣二尋，深二仞。凡巜之屬皆从巜。〔古外切〕**

【注釋】

今作澮字，大水渠也。今「甽澮」者，泛指水渠。廣者，寬也。尋，八尺為尋，倍尋為常。仞，周八尺為仞。見上「く」字注。

粼 lín　水生厓石閒粼粼也。从巜，粦聲。〔力珍切〕

【注釋】

粼粼，清澈貌，今有「波光粼粼」。

文二

川部

川 chuān　貫穿通流水也。《虞書》曰：「濬く巜距川。」言深く巜之水會為川也。凡川之屬皆从川。〔昌緣切〕

【注釋】

貫穿通流水者，使水流通也，故活水叫川，今有「川流不息」。也指大的河流，據說四川之名是來源於四川境內的四條大川，大河穿峽谷而過，今之三峽依然。

流水叫川，平地也叫川，今有「一馬平川」「八百里秦川。」王維有《渭川田家》，渭川即渭水流過的平地水域也。「平川」謂平地的河流，也謂平地。

段注：「巛則毌穿通流，又大於巜矣。有絕大乃謂川者，如《皋陶謨》：く巜距川，《考工記》：澮達於川。本小水之名，因以為大水之名。」

巠 jīng　水脈也。从川在一下，一，地也。壬省聲。一曰：水冥巠也。〔古靈切〕 古文巠，不省。

【注釋】

金文作巠，郭沫若《兩周金文辭大系考釋》：「經之初文也，字形象織機之經線形，經乃後起。」

從巠之字多有直義，如頸、脛、涇（水的直波）、經、莖、徑等。

巟 huāng　水廣也。从川，亡聲。《易》曰：包巟用馮河。〔呼光切〕

【注釋】

荒有大義，今「六合八荒」，本字當作巟。

段注：「引申為凡廣大之稱。《周頌》：天作高山，大王荒之。傳曰：荒，大也。凡此等皆假荒為巟也。荒，蕪也。荒行而巟廢矣。」

⿱或巛 yù（彧）　　水流也。从川，或聲。〔于逼切〕

【注釋】

隸變作彧。彧，有文采也。曹操手下有荀彧，字文若，名字相因也。「彧彧」，旺盛貌，又多文采貌。

段注：「《詩》：黍稷彧彧。彧者，⿱或巛之變，假⿱或巛為⿰黹或也。」

⿱曰巛 yù　　水流也。从川，曰聲。〔于筆切〕

【注釋】

汩有水流急速義，乃⿱曰巛之假借也。

段注：「此與《水部》汩義異，汩，治水也。《上林賦》曰：汩乎混流，又曰：汩急漂疾。《方言》：汩，疾行也。注云：『汩汩，急貌。于筆切。』此用汩為⿱曰巛也。《廣韻》合為一，非。」

𡿪 liè　　水流𡿪𡿪也。从川，𠜑省聲。〔臣鉉等曰：列字从𡿪，此疑誤，當从歺省。〕〔良薛切〕

【注釋】

𡿪𡿪，分開貌。此列之初文也。

邕 yōng　　四方有水，自邕成池者。从川，从邑。〔於容切〕　籀文邕。

【注釋】

此雝之初文也，雍乃雝之隸變俗字，後又分化出擁、壅等字。故邕古通「雍」，和睦、和諧也。又通「壅」。

段注：「引申之，凡四面有水皆曰邕。《周頌》曰：于彼西雝。傳曰：雝，澤也。《大雅》曰：於樂辟雝，鎬京辟雝。傳曰：水旋丘如璧曰辟雝。《水經注》釋『漁陽郡雍奴』，曰：四方有水為雝，不流為奴。皆邕字之假借也。」

巛 zāi　　害也。从一雝川。《春秋傳》曰：川雝為澤，凶。〔祖才切〕

【注釋】

象水壅成災，此災害之初文也。

段注：「今凡作災、甾、菑皆假借字也，災行而巛廢矣。此稱傳說會意之恉也，與稱『艸木麗於土』說蘼从艸、麗，稱『豐其屋』說寷从宀、豐同。」

許書引例，有的是解說字形，有的是為釋義舉例，有的是破假借。

侃 kǎn　　剛直也。从㐰，㐰，古文信。从川，取其不舍晝夜。《論語》曰：子路侃侃如也。〔空旱切〕

【注釋】

侃侃，剛直貌。侃侃而談，說話理直氣壯，不慌不忙。國學大師黃侃，字季剛。山東大學教授有陸侃如。

段注：「《論語・鄉黨》：與下大夫言，侃侃如也。孔曰：侃侃，和樂貌也。蓋謂即衎衎之假借字。」

《爾雅》：「衎，樂也。」侃本義是剛直，今侃有閒談、聊天義，如「真能侃」。該義是一種沾染義，因「侃」和「談」處在「侃侃而談」這樣一個組合中，久之「侃」便沾染了「談」的意思。

州 zhōu　　水中可居曰州。周繞其旁，从重川。昔堯遭洪水，民居水中高土，或曰九州。《詩》曰：在河之州。一曰：州，疇也。各疇其土而生之。〔臣鉉等曰：今別作洲，非是。〕〔職流切〕 古文州。

【注釋】

此沙洲之本字也，甲文作，象河川中有沙洲形。

今「九州」者，九塊大的陸地也。大禹治水後，命名九塊陸地為九州，後又加水成沙洲字。州是古代的一種行政區劃，二千五百人為州，古代城鎮行政區劃為比、閭、黨、州、鄉。見前「里」「閭」字注。

段注：「州本州渚字，引申之乃為九州，俗乃別製洲字，而小大分系矣。」

文十　重三

泉部

泉 quán 水原也。象水流出成川形。凡泉之屬皆从泉。〔疾緣切〕

【注釋】

本義是水的源頭。泉水是流通的，故貨幣叫泉。

段注：「引申之，古者謂錢曰泉布。許云：古者貨貝而寶龜，周而有泉，至秦廢貝行錢。」

䰉 fàn 泉水也。从泉，䋣聲。讀若飯。〔符萬切〕

文二

灥部

灥 xún 三泉也。闕。凡灥之屬皆从灥。〔詳遵切〕

【注釋】

段注：「凡積三為一者，皆謂其多也。不言从三泉者，不待言也。」

厵 yuán（原） 水泉本也，从灥出厂下。〔愚袁切〕 篆文，从泉。〔臣鉉等曰：今別作源，非是。〕

【注釋】

今通行重文原，隸變作原。金文作，高鴻縉《中國字例》：「象水从石穴出，向下墜流之形。」

本義是水源，借為平原字，又加水作源。引申出本原義。作動詞，有追求本原義，如韓愈寫過《原毀》《原道》。又引申有赦免義，今有「原諒」，《三國志》：「犯法者，三原然後乃行刑。」引申為沒有加工過的，如「原木」「原油」。

段注：「單呼曰原，累呼曰原泉。以小篆作原，知厵乃古文、籀文也。後人以原代『高平曰邍』之邍，而別製源字為本原之原，積非成是久矣。」平原本字當作邍，《說文》：「邍，高平之野。」

文二 重一

永部

永 yǒng　長也。象水巠理之長。《詩》曰：江之永矣。凡永之屬皆从永。〔于憬切〕

【注釋】

本義是水長。泛指長，《爾雅》：「永，長也。」故從永之字多有長、久義，見「泳」字注。

甲文、金文作[古文字]、[古文字]，高鴻縉《中國字例》：「此永即潛行水中之泳之初文，原从人在水中行，由彳、人、亍生意，故託以游泳之義。後借用為久長，久而為借義所專，乃加水旁作泳以還其義。」

段注：「引申之，凡長皆曰永。《釋詁》、毛傳曰：永，長也。《方言》曰：施於眾長謂之永。」

羕 yàng　水長也。从永，羊聲。《詩》曰：江之羕矣。〔余亮切〕

【注釋】

此「蕩漾」之本字、初文也。漾本義是水名，非本字明矣，《詩》今作「江之漾矣」。

段注：「引申之為凡長之稱。《釋詁》曰：羕，長也。《毛詩》作永，《韓詩》作羕，古音同也（同在十部）。《登樓賦》：川既漾而濟深。李注引《韓詩》：江之漾矣。薛君曰：漾，長也。」

文二

𠂢部

𠂢 pài　水之邪流別也。从反永。凡𠂢之屬皆从𠂢。讀若稗縣。〔徐鍇曰：永，長流也，反即分𠂢也。〕〔匹卦切〕

【注釋】

本義是水的支流，即派之初文也。《說文》：「派，別水也。」

段注：「𠂢與《水部》派音義皆同，派蓋後出耳。衺流別，則正流之長者較短而巠理同也，故其字从反永。」

容庚《金文編》：「𠂢、永一字也。」因𠂢、永實一字之分化，故作偏旁時常通用，如脈同脈。

𠂢血 mài（脈、脉）　　血理分邪行體者。从𠂢，从血。〔莫獲切〕 𠂢血，或从肉。 籀文。

【注釋】

今通行重文脈，俗字作脉，今簡化字採之。常「脈脈」連用，凝視貌，今有「含情脈脈」，辛棄疾詞：「脈脈此情誰訴。」

「脈望」又叫脈望蟲，傳說是蠹魚所化。蠹魚又叫魚蠹，即書中的蛀蟲。蠹魚吃紙的時候，如三次吃到「神仙」二字，則化為脈望，即「脈望成仙因食字」也。據說讀書人遇到脈望，就能成仙。或說讀書人用它熬藥，喝了後會高中。道典有《脈望》一書，明趙琦美有脈望館，傳世有《脈望館抄校本古今雜劇》。後仍有取名「小脈望」者，清趙嵩芝撰有《小脈望館詩草》。

覛 mì（覓）　　衺視也。从𠂢，从見。〔莫狄切〕 籀文。

【注釋】

覛俗字作覓。又「脈脈不得語」「含情脈脈」之本字也。

段注：「按覛與《目部》眽通用。《古詩》：眽眽不得語。李善引《爾雅》及注作眽，今《文選》訛作脈，非也。《釋詁》曰：覛、胥，相也。郭云：覛謂相視也。俗有尋覓字，此篆之訛體。」

文三 重三

谷部

谷 gǔ　　泉出通川為谷。从水半見，出於口。凡谷之屬皆从谷。〔古祿切〕

【注釋】

本義是山谷，「谷」「穀」之辨，見前「穀」字注。又指困境，沒有出路，《詩經》：「進退維谷。」本字當是「鞫」，《爾雅》：「鞫，窮也。」

段注：「《詩》：進退維谷。叚谷為鞫，毛傳曰：谷，窮也。即《邶風》傳之『鞫，窮也』。」

谿 xī（溪）　山瀆無所通者。从谷，奚聲。〔苦兮切〕

【注釋】

今作溪，俗字也。山中沒有通達山川的小溝渠，本義是小溪。

豁 huò　通谷也。从谷，害聲。〔呼括切〕

【注釋】

本義是通暢開闊的山谷。引申為通暢義，段注：「引申為凡疏達之稱。」

「豁然」謂開闊貌，今有「豁然開朗」。通則深，故豁又有深義，如「此江稱豁險」。開闊則空，故又有缺少義，今有「頭童齒豁」「豁牙」「豁嘴」。空則免，引申為免除義，今有「豁免」。

㵳 liáo　空谷也。从谷，翏聲。〔洛蕭切〕

【注釋】

寥，空虛也。同源詞也。從翏之字多有大空義，見前「廫」字注。

䶪 lóng　大長谷也。从谷，龍聲。讀若聾。〔盧紅切〕

【注釋】

從龍，聲兼義也。從龍之字多有大義，見前「龐」字注。

段注：「《司馬相如傳》曰：岩岩深山之谾谾兮。晉灼曰：谾音籠，古䶪字。蕭該曰：谾或作䶪，長大皃也。徐廣：谾，音力工反。與晉說同。《白駒傳》曰：空谷，大谷也。」

谹 hóng　谷中響也。从谷，厷聲。〔戶萌切〕

【注釋】

段注：「謂聲音大也，引申為凡大之稱。此與『弦，屋響也』義近。」從厷之字多有大義，如宏、弘（屋子寬大而深）、肱等。

容 jùn（濬）　深通川也。从谷，从歺。歺，殘也，坑坎意也。《虞書》曰：容畎澮距川。〔私閏切〕濬容，或从水。濬古文容。

【注釋】

今通行重文濬，本義是疏濬河流。

浚、濬《說文》本二字，後作為一字之異體，今簡化漢字廢濬。今有「濬井」「濬河」。引申為深也，《晉書》：「臨濬谷。」《爾雅》：「濬、幽，深也。」《說文》：「浚，抒也。」本義是舀取，故引申有取、榨取義，《國語》：「濬民之膏澤以實之。」

谸 qiān　望山谷谸谸青也。从谷，千聲。〔倉絢切〕

【注釋】

谸谸，芊芊也，草木茂盛貌。

文八 重二

仌部

仌 bīng　凍也。象水凝之形。凡仌之屬皆从仌。〔筆陵切〕

【注釋】

今冰之初文也。段注：「仌、凍二篆為轉注（互訓），累呼之曰仌凍。」今有「冰凍子」之稱。

冰 níng（凝）　水堅也。从仌，从水。〔魚陵切〕〔臣鉉等曰：今作筆陵切，以為冰凍之冰。〕 凝俗冰，从疑。

【注釋】

冰、凝本一字之異體，今分別異用。

凝的本義是結冰。《詩經》：「士如歸妻，待冰未泮。」「歸妻」即取妻也。「取妻如之何，非媒不得」，故把媒人叫作冰人，或叫冰斧、冰媒。

段注：「《詩》：膚如凝脂。本作冰脂，以冰代仌，乃別製凝字，經典凡凝字皆冰之變也。」

𠗨 lǐn（凜）　寒也。从仌，㐭聲。〔力稔切〕

【注釋】

俗字作凜，寒也，今有「凜冽」。引申為嚴肅、嚴厲義，今有「威風凜凜」「大義凜然」。段注：「引申為敬畏之稱，俗字作懍懍。」

清 𠗶 qìng　寒也。从仌，青聲。〔七正切〕

【注釋】

《曲禮》：「凡為人子之禮，冬溫而夏清。」《弟子規》：「冬則溫，夏則清。」「冬溫夏清」，冬天使父母溫暖，夏天使父母涼爽，本指人子孝道，現亦泛稱冬暖夏涼。

凍 𠗸 dòng　冰也。从仌，東聲。〔多貢切〕

【注釋】

本義是結冰，引申為寒冷義。段注：「初凝曰仌，仌壯曰凍。又於水曰冰，於他物曰凍，故《月令》曰：水始冰，地始凍。」

𠘀 𠘀 líng（凌）　冰出也。从仌，朕聲。《詩》曰：納於𠘀陰。〔力膺切〕 凌 𠘀或从夌。

【注釋】

今通行重文凌，凌者，冰也，今有「冰激凌」。黃河有「凌汛」，凌即冰也。

常用義登也、升也，《商君書》：「攻將凌其城。」今有「凌雲之志」「凌空而起」。引申出凌駕義，又有侵犯、欺壓，今有「盛氣凌人」「凌辱」。又有迫近義，今有「凌晨」。凌的本義是冰，淩的本義是水名，陵的本義是土山。本義相差很大，但在登、乘、侵犯等義上，三字通用。

段注：「《豳》詩：三之日納于凌陰。傳曰：凌陰，冰室也。此以冰釋凌，以室釋陰，非謂凌為仌室也。鄭注《周禮》：凌人，徑云：凌，冰室也。似失之。」

澌 澌 sī　流冰也。从仌，斯聲。〔息移切〕

【注釋】

本義是流動的冰塊，常通澌。「流澌」謂流動的冰塊。段注：「謂仌初結及已釋時隨流而行也。」

凋 凋 diāo　半傷也。从仌，周聲。〔都僚切〕

【注釋】

草木零落有漸，故曰半傷，未全傷也。

冬 dōng　四時盡也。从仌，从夂。夂，古文終字。〔都宗切〕 古文冬，从日。

【注釋】

夂，古文終字，實則夂乃房子之象形，房子下有冰，以會冬天之意。牢字從冬省，隸變從宀，故冬字亦當可從宀解。冬之為言終也，金文中多用為終字。小篆理據重組，從夂（終），夂亦聲。

古文字學者對冬之解釋多怪歧之說，如郭沫若《金文叢考》曰：金文冬，當是《爾雅》「終，牛棘」之終之本字。多屬無稽，例不贅。無怪乎章太炎詆斥甲骨金文研究。若無文獻之例證，古文字字形解讀類似於猜字遊戲矣。

冶 yě　銷也。从仌，台聲。〔羊者切〕

【注釋】

本義是冰溶解，引申為溶解金屬。

段注：「冰之融如鑠金然，故爐鑄亦曰冶。」引申出造就、培養義，今有「陶冶」。引申出豔麗義，今有「妖冶」。

滄 cāng　寒也。从仌，倉聲。〔初亮切〕

【注釋】

《說文》：「滄，寒也。」

段注：「與《水部》滄音義皆同，按《方言》曰：涄，淨也。二字當从冫，涄即滄字，淨即清字。」

冷 lěng　寒也。从仌，令聲。〔魯打切〕

【注釋】

本義是寒冷。

引申生僻、不常見的，如「冷字」。「冷貨」謂不流行或不暢銷的貨物。又有突然、出人意料，如「冷槍」「打冷棍。」河南方言有「冷不防」，謂出其意料，在人不防備的情況下幹某事。

涵 hán 寒也。从仌，函聲。〔胡男切〕

滭 bì 風寒也。从仌，畢聲。〔卑吉切〕

【注釋】

滭冹，大風撼物聲也。

冹 fú 一之日滭冹。从仌，犮聲。〔分勿切〕

【注釋】

段注：「《豳風・七月》：一之日觱髮。傳曰：觱髮，風寒也。按觱髮皆假借字，滭冹乃本字，猶《水部》畢沸，今《詩》作觱沸。或許所據《毛詩》不同今本，或許採三家詩，皆未可定也。」

凓 lì 寒也。从仌，栗聲。〔力質切〕

【注釋】

段注：「凓冽，寒氣也。古亦單用凓字，《春秋繁露》謂煗寒曰薰凓。《豳風・七月》：二之日凓冽。今《詩》作栗烈，《說文》作颲颲。」

瀨 lài 寒也。从仌，賴聲。〔洛帶切〕

【注釋】

段注：「凓冽也，三字，今正。古單用冽字者，如《詩》：冽彼下泉，傳曰：冽，寒也。有冽氿泉，傳曰：冽，寒意也。《素問》曰：風寒冰冽。」

文十七 重三

雨部

雨 yǔ 水从雲下也。一象天，冂象雲，水零其閒也。凡雨之屬皆从雨。〔王矩切〕 古文。

【注釋】

段注：「引申之凡自上而下者稱雨。」「雨矢」謂箭矢像雨一樣地落下。「雨泗」比喻流淚。

靁 léi（雷）　陰陽薄動靁雨，生物者也。从雨，畾象回轉形。〔魯回切〕古文靁，古文靁，籀文靁，閒有回，回，靁聲也。

【注釋】

隸省作雷。薄，接近也，如「日薄西山，氣息奄奄」。陰陽之氣相擊，產生雷。從畾之字多有回轉義，見前「藟」字注。

段注：「許書有畕無畾，凡積三則為眾，眾則盛，盛則必回轉。二月陽盛，靁發聲，故以畾象其回轉之形，非三田也。韻書有畾字，訓田間，誤矣。凡許書字有畾聲者，皆當云『靁省聲』也。凡古器多以回為靁。」

霣 yǔn　雨也。齊人謂靁為霣。从雨，員聲。一曰：雲轉起也。〔于敏切〕古文霣。

【注釋】

從員之字多有回轉義，如「幅員遼闊」，員，周長也。圓，圜全也。

段注：「齊人謂雷曰霣，方俗語言如此。霣，古讀如回，回與員語之轉。《公羊傳》：星霣如雨。假為隕字。」

霆 tíng　雷餘聲也鈴鈴，所以挺出萬物。从雨，廷聲。〔特丁切〕

【注釋】

霆、電實同一詞，後來歧為二義，其聲曰霆，其光曰電。輕雷或無電，疾雷必有電，故霆的本義為疾雷，霹靂也。今有「雷霆萬鈞」。挺，生也。挺出，生出也，同義連文。霆、挺，同源詞。

雭 zhá　雭雭，雷電皃。一曰：眾言也。从雨，嚞省聲。〔丈甲切〕

電 diàn（电）　陰陽激耀也。从雨，从申。古文電。〔堂練切〕

【注釋】

簡化字作电，乃省旁俗字也。电實乃申之變形。

段注：「陰陽相薄為雷，陰激陽為電，電是雷光。震、雷一也，電、霆一也。《穀梁傳》曰：電，霆也。古義霆、電不別，許意則統言之謂之雷。自其振物言之謂之震，自其餘聲言之謂之霆，自其光耀言之謂之電。雷電者，一而二者也。」

震 zhèn　　劈歷，振物者。从雨，辰聲。《春秋傳》曰：震夷伯之廟。〔臣鉉等曰：今俗別作霹靂，非是。〕〔章刃切〕 籀文震。

【注釋】

劈歷，急雷也。《爾雅・釋天》：「疾雷為霆。」震本義是疾雷，震即雷也。

八卦有震卦，即代表雷。「震電」即雷電也。《左傳》：「大雨震電。」引申之凡動謂之震，今有「地震」。由振動引申為恐懼義，今有「震怖」「震恐」。引申為威風、威嚴義，《左傳》：「其子何震之有。」威、畏皆有此二義，同步引申也。

段注：「《倉頡篇》曰：霆，霹靂也。古謂之霆，許謂之震。以能震物而謂之震也，引申之，凡動謂之震。辰下曰：震也。」

振、震二字有別，振本義是揮動，震是雷震，故物體及人本身顫動寫作震，如「地震」。而由人揮動別的東西產生顫動寫作振。

䨮 xuě（雪）　　凝雨，說物者。从雨，彗聲。〔相絕切〕

【注釋】

今作雪，省體俗字也。說者，喜悅也。說、雪皆入聲，此聲訓也，以明雪之得名之源也。雪常用義是擦拭、洗刷義，今有「報仇雪恨」「雪恥」「澡雪精神」。

霄 xiāo　　雨霓為霄。从雨，肖聲。齊語也。〔相邀切〕

【注釋】

本義是下雪珠子。《國語・齊語》：「雨霓為霄雪。」韋昭注：「冰雪雜下者謂之霄。」《和吳沖卿雪詩》：「風助霄仍洶。」今常用義是雲，如「雲霄」「霄漢」。又指天空，如「九霄」「重霄」「霄壤之別」。

段注：「雨猶䨏也。《釋天》曰：雨霓為霄雪。此霄字本義。若《淮南書》：上游於霄霓之野。此則別為一義，乃今義行而古義罕用矣。霄亦叚消。」

霰 xiàn　稷雪也。从雨，散聲。〔穌甸切〕 霰，或从見。

【注釋】

像小顆粒一樣的雪。張若虛《春江花月夜》：「江流宛轉繞芳甸，月照花林皆似霰。」從散聲，聲兼義。

段注：「謂雪之如稷者。《毛詩》傳曰：霰，暴雪也。暴當是黍之字誤。俗謂米雪，或謂粒雪，皆是也。《曾子》曰：陽之專氣為霰。《詩》箋云：將大雨雪，始必微溫，雪自上下，遇溫氣而團，謂之霰，久之寒勝則大雪矣。」

雹 báo　雨冰也。从雨，包聲。〔蒲角切〕 古文雹。

霝 líng　雨零也。从雨，皿象䨓形。《詩》曰：霝雨其蒙。〔郎丁切〕

【注釋】

今「零落」之本字也。

段注：「霝與零義殊，許引《東山》霝雨，今作零雨，訛字也。《定之方中》：靈雨既零。傳曰：零，落也。零亦當作霝。霝亦假靈為之，《鄭風》：零露漙兮。正義本作靈。箋云：靈，落也。靈落即霝落，雨曰霝䨣，艸木曰零落。」

䨣 luò　雨零也。从雨，各聲。〔盧各切〕

【注釋】

《說文》：「落，凡艸曰零，木曰落。」䨣、落，同源詞也。段注：「此下雨本字，今則落行而䨣廢矣。」

零 líng　餘雨也。从雨，令聲。〔郎丁切〕

【注釋】

零零星星下的雨，零本義是下雨，《詩經》：「零雨其濛。」泛指落，《爾雅》：「零，落也。」今有「感激涕零」。

段注改為「徐雨也」，曰：「引申之義為零星，為凋零。」

䨤 sī　小雨財䨣也。从雨，鮮聲。讀若斯。〔息移切〕

【注釋】

段注：「財當作才，取初始之義，今字作纔。《列子》：鮮則食之。即析而食之也，斯、析音義同。」

霢 mài　霢霂，小雨也。从雨，脈聲。〔莫獲切〕

霂 mù　霢霂也。从雨，沐聲。〔莫卜切〕

【注釋】

霢霂，小雨。段注：「霢霂者，溟蒙之轉語。《水部》溟下曰：小雨溟溟也。蒙下曰：濛濛，微雨也。」

霰 suān　小雨也。从雨，酸聲。〔素官切〕

霅 jiān　微雨也。从雨，𢦏聲。又讀若芟。〔子廉切〕

【注釋】

段注：「今人謂小雨曰廉纖，即霅也。」

霊 zhōng　小雨也。从雨，眾聲。《明堂月令》曰：霊雨。〔職戎切〕

霃 chén　久陰也。从雨，沈聲。〔直深切〕

【注釋】

此陰沈沈（沉沉）之本字也。段注：「《月令》：季春行秋令，則天多沈陰。沈即霃之假借也，沈行而霃廢矣。」

䨬 lián　久雨也。从雨，兼聲。〔力鹽切〕

【注釋】

䨬之言連也，聲兼義也。

霠 hán　久雨也。从雨，函聲。〔胡男切〕

霖 lín　雨三日已往。从雨，林聲。〔力尋切〕

【注釋】

本義是久下不停的雨。「霖霖」，形容久雨不停。對農作物有用的雨謂之甘霖，轉指恩澤。

段注：「自三日以往，謂雨三日又不止，不定其日數也。雨三日止，不得謂霖矣。韋注《國語》亦曰：雨三日以上為霖。若宋人注《尚書》云：三日雨為霖。失古義矣。《爾雅·釋天》：久雨謂之淫，淫謂之霖。」

霪 yín　霖雨也。南陽謂霖霪。从雨，㐺聲。〔銀箴切〕

【注釋】

此淫雨之後起本字也。段注：「淫雨即霪雨之假借。」

霣 zī　雨聲。从雨，真聲。讀若資。〔即夷切〕

䨞 yǔ　雨貌，方語也。从雨，禹聲。讀若禹。〔王矩切〕

【注釋】

段注：「方上蓋奪北字，《集韻》曰：『䨞，火五切，北方謂雨曰䨞，呂靜說。』按呂氏《韻集》所據《說文》為完善。」

䨜 jiān　小雨也。从雨，僉聲。〔子廉切〕

【注釋】

聲兼義，收斂則小。

霑 zhān　雨䨕也。从雨，沾聲。〔張廉切〕

【注釋】

此「沾濕」「沾染」之本字也。

沾是水名，非本字明矣。酈道元《三峽》：「猿鳴三聲淚沾裳。」沾，濕也。沾有濕義、有廣博義，如「沾洽」謂廣博也。洽、浹亦有此二義，三詞有相同的詞義引申軌跡，同步引申也。

霥 rǎn　濡也。从雨，染聲。〔而琰切〕

【注釋】

此「沾染」之本字也。濡有浸漬、沾濕義，今有「耳濡目染」。

段注：「今人多用沾染、濡染，染行而霥廢矣。染者，以繒染為色，非沾義。」

霤 liù　屋水流也。从雨，留聲。〔力救切〕

【注釋】

屋簷下的流水處。

段注：「《釋名》曰：中央曰中霤。古者復穴，後室之霤，當今之棟下直室之中，古者霤下之處也。」

屚 lòu　屋穿水下也。从雨，在尸下。尸者，屋也。〔盧后切〕

【注釋】

穿，破也，洞也。此漏水之本字也，漏乃滴漏名，非本字明矣。

段注：「今字作漏，漏行而屚廢矣。漏者，以銅受水刻節也。」

䨣 gé　雨濡革也。从雨，从革。讀若膊。〔匹各切〕

【注釋】

霸字從此聲。

霽 jì　雨止也。从雨，齊聲。〔子計切〕

【注釋】

本義是雨雪停止，天放晴，如「大雪初霽」。《阿房宮賦》：「不霽何虹？」又指怒氣消除，如「色霽」。

霋 qī　霽謂之霋。从雨，妻聲。〔七稽切〕

霩 kuò（廓）　雨止雲罷貌。从雨，郭聲。〔臣鉉等曰：今俗別作廓，非是。〕〔苦郭切〕

【注釋】

今作廓。段注：「今俗字作廓，廓行而霩廢矣。」廓，空也，今有「廖廓」。又擴大也，又泛指物體的外緣，今有「輪廓」「耳廓」。

露𩅹 lù　　潤澤也。从雨，路聲。〔洛故切〕

【注釋】

作動詞有滋潤義，如「覆露萬民」。

段注：「按露之言臚也，故凡陳列表見於外曰露，亦叚路為之，如《孟子·神農章》羸露，字作路，是也。」

霜𩅦 shuāng　　喪也，成物者。从雨，相聲。〔所莊切〕

【注釋】

喪者，聲訓也。霜白，引申有白色義，如「鬢將霜」。又有年歲義，猶言秋，李白詩：「白骨橫千霜。」

段注：「《秦風》：白露為霜。傳曰：『白露凝戾為霜，然後歲事成。』露春夏秋皆有之，秋深乃凝霜也，次之以霜，而歲功成矣。歲功以雪始，以霜終。」

鵬按：故引申有年歲義。

霚𩆓 wù（霧）　　地气發，天不應。从雨，敄聲。〔臣鉉等曰：今俗从務。〕〔亡遇切〕𩂣 籀文省。

【注釋】

俗字作霧，簡化作雾。《釋名》曰：「霧，冒也。氣蒙冒覆地之物也。」冒，覆蓋也，得名於覆蓋萬物。

段注：「霧者俗字。霚者，雺之小篆。」

霾𩆸 mái　　風雨土也。从雨，貍聲。《詩》曰：終風且霾。〔莫皆切〕

【注釋】

颳風且加著塵土，今有「霧霾」。終，既也，既颳風又有霾。

段注：「《釋天》曰：風而雨土為霾。傳曰：霾，雨土也。《釋名》曰：霾，晦也。」

霿 méng　　天气下，地不應曰霿。霿，晦也。从雨，瞀聲。〔莫弄切〕

【注釋】

天色昏暗，如「霿霧」。

霓 ní　　屈虹青赤，或白色，陰气也。从雨，兒聲。〔五雞切〕

【注釋】

霓虹析言有別。虹為主虹，顏色亮，也叫雄虹；霓為副虹，顏色暗，也叫雌虹。《爾雅·釋天》：「螮蝀，虹也，霓為挈貳。」郭注：「雙出色鮮盛者為雄，曰虹。闇者為雌，曰霓。」

段注：「許意詘曲之虹多青赤，或有白色者，皆謂之霓。《釋天》曰：『螮蝀，虹也，霓為挈貳。』此似青赤為虹，白色為霓。然析言有分，渾言不別。故趙注《孟子》曰：霓，虹也。虹見則雨，《楚辭》有白霓。」

𩅿 diàn　　寒也。从雨，執聲。或曰：早霜。讀若《春秋傳》：墊阨。〔都念切〕

雩 yú　　夏祭，樂於赤帝，以祈甘雨也。从雨，于聲。〔羽俱切〕𩂣或从羽。雩，羽舞也。

【注釋】

古代為求雨而舉行的一種祭祀，即雩祭。「雩禳」謂出雨消災也。《公羊傳·桓公五年》：「大雩者何，旱祭也。」注：「使童男女各八人舞而呼雨，故謂之雩。」

段注：「高誘注《時則訓》曰：帝，上帝也。許獨云赤帝者，以其為夏祭而言也。以祈甘雨，故字从雨。以于嗟而求，故从于。服虔曰：雩，遠也。亦从于得義也。」

需 xū　　須也。遇雨不進，止須也。从雨，而聲。《易》曰：雲上於天，需。〔臣鉉等案：李陽冰據《易》：雲上於天，云：當从天。然諸本及前作所書皆从而，無有从天者。〕〔相俞切〕

【注釋】

本義是等待。《周易》：「雲上於天，需。」須者，待也。遲疑、停步不進亦謂之需，《史記》：「需，事之賊也。」需求義乃後起。

霸 yù　水音也。从雨，羽聲。〔王矩切〕

【注釋】

段注：「江氏聲曰：『五聲羽屬水，許字作霸，與各書不同。』今按此當謂流水之音耳。」

文四十七 重十一

霞 xiá　赤雲气也。从雨，叚聲。〔胡加切〕

【注釋】

從叚之字多有紅義，見前「瑕」字注。五彩之色謂之霞，今有「霞衣」「鳳冠霞披」。

霏 fēi　雨雲貌。从雨，非聲。〔芳非切〕

【注釋】

本義是雨、雪、雲氣盛貌，今有「雨雪霏霏」。又指雲氣，如「日出而林霏開」。又指飄揚，如「煙霏雲斂」。

霎 shà　小雨也。从雨，妾聲。〔山洽切〕

【注釋】

見前「霅」字注。霎，乃霅之俗字也。本義是小雨，如「小雨霎霎」，引申為極短的時間，如「霎時」。

霸 duì　黫霸，雲黑貌。从雨，對聲。〔徒對切〕

靄 ǎi　雲貌。从雨，藹省聲。〔於蓋切〕

【注釋】

本義是雲霧。靄靄，雲霧密集貌。蘇軾詩：「山頭靄靄暮雲橫。」柳永詞：「暮靄沉沉楚天闊。」

文五 新附

雲部

雲 yún（云）　山川气也。从雨、云，象云回轉形。凡雲之屬皆从雲。〔王分切〕 古文，省雨。 亦古文雲。

【注釋】

于省吾《殷契駢枝》：「云為雲之初文，加雨為形符，乃後起字。」

云、雲後分別異用，言說義不能用雲。今簡化漢字歸併為一，採用云字。云，有也，《廣雅》：「云，有也。」《荀子》：「其云益乎？」又有如此、這樣義，《左傳》：「子之言云，又焉用盟。」今有「人云亦云」，謂人家這樣你也這樣。

段注：「古文只作云，小篆加雨於上，遂為半體會意、半體象形之字矣。古文上無雨，非省也。二蓋上字，象自下回轉而上也。《正月》：昏姻孔云。傳曰：云，旋也。此其引申之義也。

古多叚云為曰，如《詩》云即《詩》曰，是也。亦叚員為云，如景員維河，箋云：員，古文作云。昏姻孔云，本又作員。聊樂我員，本亦作云。《尚書》：云來，衛包以前作員來，小篆妘字籀文作䡝，是云、員古通用。皆叚借風雲字耳，自小篆別為雲，而二形迥判矣。」

霒 yīn　雲覆日也。从雲，今聲。〔於今切〕 古文，或省。 亦古文霒。

【注釋】

此陰暗、天陰、陰陽之古字也。

段注：「山北為陰，故陰字从阜，自漢以後通用此為霒字，霒古文作侌。今人陰陽字小篆作霒昜。霒者，雲覆日。昜者，旗開見日。引申為兩儀字之用，今人作陰陽。」

文二　重四

魚部

魚 yú（鱼）　水蟲也。象形，魚尾與燕尾相似。凡魚之屬皆从魚。〔語居切〕

【注釋】

鱼乃草書楷化字形。

古代蟲的範圍較寬，天上飛的，地上跑的、爬的，水裏遊的均可叫蟲。《逍遙遊》:「之二蟲又何知？」麻雀也。大蟲，老虎也。長蟲，蛇也。穴蟲，老鼠也。見「蟲」字注。

鰖 duò　　魚子已生者。从魚，憜省聲。〔徒果切〕 籀文。

【注釋】

魚苗。凡未出者為卵，已出者為子。

鮞 ér　　魚子也。一曰：魚之美者，東海之鮞。从魚，而聲。讀若而。〔如之切〕

【注釋】

凡細者稱子，小魚也，即魚苗。

段注：「魚子，謂成細魚者。上文曰：魚子已生者，謂初出卵。此云：魚子，則成細魚矣。凡細者稱子。」

魼 qū　　魚也。从魚，去聲。〔去魚切〕

【注釋】

比目魚也。段注：「《漢書·上林賦》：禺禺魼鰨。郭璞注云：比目魚也。」

鮴 nà　　魚，似鱉，無甲，有尾，無足，口在腹下。从魚，納聲。〔奴荅切〕

【注釋】

一種無鱗、似鱉的魚。段注：「按此篆《玉篇》作鮴，《廣韻》作魶，《史記·上林賦》有魶字，云：魶，一作鰨。」

鰨 tà　　虛鰨也。从魚，㬰聲。〔土盍切〕

【注釋】

㬰，平也，聲兼義。

魚類的一科，種類很多，體形似舌頭，兩眼都在身體的一側，側臥在海底的泥沙上，捕食小魚。常見的有「條鰨」，通稱「鰨目魚」。今北京、天津仍有此語，謂「tà mə 魚」者即是，與比目魚殆為一科。

鱒 zūn　赤目魚。从魚，尊聲。〔慈損切〕

【注釋】

即赤眼鱒。

鱗 lín　魚也。从魚，粦聲。〔力珍切〕

鰫 yóng　魚也。从魚，容聲。〔余封切〕

【注釋】

花鰱魚。《集韻》：「鰫，似鰱而黑。」

段注：「鄭注《內則》云：今東海鰫魚有骨，名乙，在目旁，狀如篆乙，食之鯁人不可出。」

䱬 xū　魚也。从魚，胥聲。〔相居切〕

鮪 wěi　鮥也。《周禮》：春獻王鮪。从魚，有聲。〔榮美切〕

【注釋】

即鱘魚，也叫金槍魚。王者，大也。王蛇，大蛇也。王鮪，一說即今之中華鱘。

段注：「陸璣疏曰：『鮪魚形似鱣而青黑，頭小而尖，似鐵兜鍪，口亦在頷下，其甲可以摩薑。大者不過七八尺，益州人謂之魱鱣。大者為王鮪，小者為鮛鮪，一名鮥，肉色白，味不如鱣也。』郭氏《山海經》傳曰：『鮪即鱏也，似鱣而長鼻，體無鱗甲。』按即今之鱘魚也。」

魱 gèng　鯍也。《周禮》謂之魱。从魚，恒聲。〔古恒切〕

鯍 méng　魱鯍也。从魚，巟聲。〔武登切〕

鮥 luò　叔鮪也。从魚，各聲。〔盧各切〕

【注釋】

叔，小也。鮪魚，體呈紡錘形。

段注：「叔鮪者，鮪之小者也，對王鮪為辭。按今川江中尚有鮥子魚，昔在南溪縣、巫山縣食之。叔鮪名鮥，則王鮪不名鮥，而以鮥注鮪者何也？渾言析言不同，故互注而又別其大小也。」

鯀 gǔn　　魚也。从魚，系聲。〔臣鉉等曰：系非聲，疑从孫省。〕〔古本切〕

【注釋】

本義是魚名，何魚不詳。

顧頡剛考證出大禹的父親是條魚，被魯迅嘲笑，戲稱其為「鳥頭先生」。顧從雇聲，雇者，九雇，一種候鳥。鳥者，屌也。見魯迅《故事新編》之《理水》篇。

鰥 guān　　魚也。从魚，眔聲。〔李陽冰曰：當从罤省。〕〔古頑切〕

【注釋】

古書上說的一種大魚，即鯇鯤，又名鱤魚，傳說此魚睡覺時不閉眼。

元稹喪妻，發誓不再娶，詩有「惟將終夜長開眼，報答平生未展眉」，即用此典，表示要做鰥夫也，但元稹不久就納妾續弦。今鰥表示男子無妻。「鰥鰥」謂因愁思而無法閉目成眠。古人用魚的造型制鎖，《芝田錄》：「門鎖必為魚者，取其不瞑守夜之意。」魚無眼皮，故睜眼睡覺。

段注：「毛傳曰：大魚也。謂鰥與魴皆大魚之名也。鰥多叚借為鰥寡字，鰥寡字蓋古只作矜（矜），矜即憐之叚借。」

鯉 lǐ　　鱣也。从魚，里聲。〔良止切〕

【注釋】

鯉魚又名鱣。

孔子之子出生時，魯昭公送大鯉魚一條，故取名叫孔鯉，字伯魚。《論語·季氏》：「（孔子）嘗獨立，鯉趨而過庭，曰：『學詩乎？』對曰：『未也。』『不學詩，無以言。』鯉退而學詩。」後「過庭之訓」「鯉庭」用以指父親的教誨。

鯉魚又為書信的代稱，因中國唐代傳遞的書信以尺素結成雙鯉魚形，傳說鯉魚能傳信也。《飲馬長城窟行》:「客從遠方來，遺我雙鯉魚。呼兒烹鯉魚，中有尺素書。」兒，奴僕也。唐段成式《酉陽雜俎・鱗介篇》:「鯉，脊中鱗一道，每鱗有小黑點，大小皆三十六鱗。」因以「三十六鱗」為鯉魚的別稱。

段注:「《周頌》:有鱣有鮪，鰷鱨鰋鯉。鱣、鯉並言，似非一物。而箋云:鱣，大鯉也。然則凡鯉曰鯉，大鯉曰鱣。猶小鮪曰鮥，大鮪曰鮪。謂鱣與鯉、鮥與鮪不必同形，而要各為類也，許意當亦如是。」

鱣 zhān　　**鯉也。从魚，亶聲。〔張連切〕 籒文鱣。**

【注釋】

鱘鰉魚的古稱。又指鯉魚。

《爾雅・釋魚》:「鱣。」郭璞注:「鱣，大魚，似鱏而短鼻，口在頷下，體有邪行甲，無鱗，肉黃。大者長二三丈，今江東呼為黃魚。」《詩》:「有鱣有鮪，鰷鱨鰋鯉。」

鱣又指鱔魚，也作「鱓」。《韓非子・說林下》:「鱣似蛇，蠶似蠋。」按:《說苑》作「鱔」。

段注:「《衛風》毛傳曰:鱣，鯉也。許本之。以鮪、鮥例之，此當同鄭曰大鯉也。蓋鯉與鱣同類而別異，猶鮥與鮪同類而別異。」

鱄 zhuān　　**魚也。从魚，專聲。〔旨兗切〕**

【注釋】

古書上說的一種淡水魚。

段注:「《士喪禮》:魚鱄鮒九。鱄、鮒皆常用之魚也，故《春秋》有名鱄，字子魚者。《呂覽》曰:魚之美者，洞庭之鱄。今本作鱒，非也。《廣韻》:鱄出洞庭湖。《山海經》曰:鱄魚，其狀如鮒而彘尾。」

鮦 tóng　　**魚名。从魚，同聲。一曰:鱶也。讀若絝襱。〔直隴切〕**

【注釋】

鱧魚也，今叫黑魚、銅魚。清徐珂《清稗類鈔》:「鱧，可食，形長體圓，頭尾幾相等，細鱗黑色，有斑文，腹背兩鰭。亦名鮦魚，俗名烏魚。」

鵬按:《說文》之鱧非今之黑魚，鱶才是今之黑魚。與今通說異，與今本《爾雅》亦異。見「鱧」字注。

段注：「此一曰猶今言一名也。許書一字異義言一曰，一物異名亦言一曰，不嫌同辭也。」

鱶 lǐ　　鮦也。从魚，蠡聲。〔盧啟切〕

【注釋】

此鱧魚之本字也。

段注：「鱶即今俗所謂烏魚，或曰烏鯉，頭有七星之魚也。」

鱒 lóu　　魚名。一名鯉，一名鰜。从魚，婁聲。〔洛侯切〕

鰜 jiān　　魚名。从魚，兼聲。〔古甜切〕

【注釋】

比目魚的一種。從兼聲，聲兼義也。二目長在一側，相比併也。

段注：「按當作鱒魚也，《玉篇》曰：鱒，大青魚。《類篇》曰：鰜魚大而青。是為一物也。《廣韻》云：比目魚。因鳥有鶼皮傅耳。」

鯈 chóu（鰷）　　魚名。从魚，攸聲。〔直由切〕

【注釋】

今音 tiáo，今作「鰷」，簡化作「鲦」。白鰷魚也，俗作白條，喜歡躍水而出，《水滸傳》張順綽號浪裏白條。

鯫 tǒu　　魚名。从魚，豆聲。〔天口切〕

鯾 biān（鯿）　　魚名。从魚，便聲。〔房連切〕鯿，又从扁。

【注釋】

俗作鯿。鯿魚，體側扁，略呈菱形。從扁，聲兼義也。

魴 fáng（鰟）　　赤尾魚。从魚，方聲。〔符方切〕鰟魴，或从旁。

【注釋】

鯿魚的古稱。

《詩・周南・汝墳》:「魴魚赬尾，王室如燬。」毛傳:「赬，赤也，魚勞則尾赤。」後「魴魚赬尾」形容人困苦勞累，負擔過重。魚勞則尾赤，可信。大馬哈魚經過長途跋涉洄游，抵達繁殖場後，耗盡脂肪儲備，激素發生變化，身體變成紅色。

「魴鱮」，魴魚和鱮魚。《詩・齊風・敝笱》:「敝笱在梁，其魚魴鱮。」鄭玄箋:「魴也，鱮也，魚之易制者，然而敝敗之笱不能制……喻魯桓微弱，不能防閑文姜，終其初時之婉順。」舊時因以「魴鱮」喻品行不端而難以制管的女子。《好逑傳》第十七回:「蒙聖恩下察，並具實奏聞，仰天明鑒，勿使魴鱮，辱加麟鳳，則名教有光，而風化無傷矣。」

段注:「《周南》曰：魴魚赬尾。傳曰：魚勞則尾赤。《左傳》：如魚竀尾，衡流而方羊。亦謂其困頓，許以赤尾魚釋魴，殆失之。魴即鯿魚也，許列字亦二篆相比近，而不言為一。」

鱮 xù　　魚名。从魚，與聲。〔徐呂切〕

【注釋】

古指鰱魚，《詩經》:「其釣維何？維魴與鱮。」

段注:「傳曰：魴、鱮，大魚。箋云：鱮似魴而弱鱗。陸疏曰：『鱮似魴厚而頭大，其頭尤大而肥者，徐州人謂之鰱。』《廣雅》曰：鱮，鰱也。」

鰱 lián　　魚名。从魚，連聲。〔力延切〕

【注釋】

段注:「按許列字亦二篆相比近，而不言為一。」此許書之體例也。

鮍 pī　　魚名。从魚，皮聲。〔敷羈切〕

【注釋】

即鰟鮍魚，形似鯽魚，一種身體側扁的小魚。比鯽魚小，眼有彩色光澤，背面淡綠色，略帶藍色的閃光，腹面銀白色。

鮂 yǒu　　魚名。从魚，幼聲。讀若幽。〔於糾切〕

鮒 fù　　魚名。从魚，付聲。〔符遇切〕

【注釋】

鯽魚也。成語有「涸轍之鮒」，漢代有孔鮒，著《小爾雅》。

段注：「鄭注《易》曰：鮒魚微小。虞翻曰：鮒，小鮮也。王逸注《大招》及《廣雅》皆云：鰿，鮒也。」《老子》：「治大國若烹小鮮。」或謂「小鮮」即鮒魚，非謂一般的小魚，可備一說。

鯅 qíng　　魚名。从魚，巠聲。〔仇成切〕

【注釋】

魴魚別名。

鰿 jì（鯽）　　魚名。从魚，脊聲。〔資昔切〕

【注釋】

今作鯽字。

鱺 lí　　魚名。从魚，麗聲。〔郎兮切〕

【注釋】

段注：「此即今人謂鰻為鰻鱺之字也，與鱧、鱶、鯉皆不同。《類篇》云：小鮦也。此用郭注《爾雅》語。」

鰻 mán　　魚名。从魚，曼聲。〔母官切〕

【注釋】

今鰻魚。鰻鱺，又名白鱔、白鰻，營養價值高，被譽為水中的人參。

鱯 huà　　魚名。从魚，蒦聲。〔胡化切〕

【注釋】

據許書鱯即鱧也，與今異。鱯魚體略細長，無鱗，灰褐色，頭扁平，口上有鬚四對，尾鰭分叉，生活於淡水中。

段注：「鱯似鯰而大，白色，按今江中多有之，俗訛為回魚，聲之誤耳。《水經注》：沔陽縣度口水有二源：一曰清檢，一曰濁檢。清水出鱯，濁水出鮒，常以二月八月取。《華陽國志》鱯訛為鱮。」

魾 pī　大鱯也，其小者名鮡。从魚，丕聲。〔敷悲切〕

【注釋】

從丕之字多有大義，見前「嚭」字注。段注：「《爾雅》：魴，魾。亦謂魴之大者為魾。」

鱧 lǐ　鱯也。从魚，豊聲。〔盧啟切〕

【注釋】

也叫烏鱧，即黑魚。段注：「《釋魚》《毛傳》鱧、鯇為一，許鱧、鱯為一，各有所受之也。」

鵬按：《說文》之鱧非今之黑魚，是鱯魚，類似今鯰魚。鱺字才是今之黑魚。與今通說異，與今本《爾雅》亦異。

鰈 huà　鱧也。从魚，果聲。〔胡瓦切〕

【注釋】

段注：「《廣韻》曰：鰈似鯰。與《說文》合。」

鱨 cháng　揚也。从魚，嘗聲。〔市羊切〕

【注釋】

黃顙魚。背鰭上有一根刺，兩邊胸鰭各有一根刺，今叫三槍魚，河南謂之三杆槍魚。

鱏 yín　魚名。从魚，覃聲。傳曰：伯牙鼓琴，鱏魚出聽。〔余箴切〕

【注釋】

鱘魚也。重千斤，棲息於水底。鱏，今音 xún。鱏、鱘，一聲之轉也。

鯢 ní　刺魚也。从魚，兒聲。〔五雞切〕

【注釋】

即娃娃魚也，又叫「大鯢」。從兒聲，聲兼義也。古稱人魚，如小兒，能緣木，四腳，前似彌猴，後似狗，聲如小兒啼，大者長八九尺，別名鰕。

段注：「或作剌者，誤。剌魚者，乖剌之魚，謂其如小兒能緣木，《史》《漢》謂之人魚。《釋魚》曰：鯢大者謂之鰕。郭云：今鯢魚似鯰，別名鰕。按此魚見書傳者不下數十處，而人不之信，少見則多怪也，余在雅州親見之。」

鰼 xí　　鰌也。从魚，習聲。〔似入切〕

【注釋】

泥鰍也。段注：「郭云：今泥鰍。按《山海經》之鰼魚，別是一物。」

鰌 qiū（鰍）　　鰼也。从魚，酋聲。〔七由切〕

【注釋】

今作鰍字，泥鰍也。

鯇 huàn　　魚名。从魚，完聲。〔戶版切〕

【注釋】

草魚也。徐珂《清稗類鈔・鯶》：「食草，亦謂之草魚，又作鯇。」

段注：「《釋魚》：鱧，鯇也。毛傳同。許於鱧下云：鱯也，不云：鯇也，故鯇篆割分異處，蓋其所傳不同。鯇、鯶古今字，今人曰鯶子，讀如混，多食之。又胡本切，今音也，音轉而形改為鯶矣。」

據《爾雅》，鱧、鯇是一物，黑魚也，不同今通說。今通說鯇是草魚。

魠 tuō　　哆口魚也。从魚，乇聲。〔他各切〕

【注釋】

一種口大的魚。哆，大也。段注：「《廣雅》曰：魧、鱃，魠也。以魠為名，取開祏之意。」

鮆 jì　　飲而不食，刀魚也，九江有之。从魚，此聲。〔徂禮切〕

【注釋】

刀魚即今帶魚。

鮀 tuó　鮎也。从魚，它聲。〔徒何切〕

【注釋】

鯰魚。又指古代一種生活在淡水中的吹沙小魚，亦稱「鯊鮀」，見「魦」字注。《爾雅》:「鯊，鮀。」郭璞注:「今吹沙小魚，體圓而有點文。」

段注:「《釋魚》、毛傳皆曰：鯊，鮀也。許以魦（鯊）係樂浪潘國，釋鮀為鯰，於古說不同，蓋有所受之也。《春秋傳》名鮀者，字子魚。」

鮎 nián（鯰）　鰋也。从魚，占聲。〔奴兼切〕

【注釋】

後作「鯰」字，俗稱鯰魚，體有黏液，故稱。

段注:「《釋魚》及《魚麗》傳曰：鰋，鯰也。孫炎云：鰋，一名鯰。郭別鰋、鯰為二，非也。」

鰋 yǎn　鮀也。从魚，晏聲。〔於幰切〕 鰋，或从匽。

【注釋】

鯰魚的別稱。段注:「謂之鰋者，以其偃額也。偃者，仰也。玉裁按：鮀也乃鯰也之誤，妄人所改也。」

鮷 tí　大鮎也。从魚，弟聲。〔杜兮切〕

鰳 lài　魚名。从魚，賴聲。〔洛帶切〕

鰭 cén　魚名。从魚，朁聲。〔鉏箴切〕

鰯 wēng　魚名。从魚，翁聲。〔烏紅切〕

鮨 xiàn　魚名。从魚，臽聲。〔戶賺切〕

鱖 guì　魚名。从魚，厥聲。〔居衛切〕

【注釋】

體側扁，性兇猛，生活在淡水中，味鮮美。亦作「桂魚」，有些地區稱花鯽魚。古詩：「桃花流水鱖魚肥。」

鯫 zōu　　白魚也。从魚，取聲。〔士垢切〕

【注釋】

一種小白魚。從取兼義，取有聚集義，小則聚，故小人叫作「鯫生」，古代用以罵人的話，意謂短小愚陋的人。又作為自謙之詞，猶小子也。

段注：「按鯫是小魚之名，故小人謂之鯫生。」

鱓 shàn（鱔）　　魚名。皮可為鼓。从魚，單聲。〔常演切〕

【注釋】

今作鱔字。「皮可為鼓」四字乃淺人所加，當刪。段注精到，確為不刊之論。

段注：「今人所食之黃鱔也，黃質黑文，似蛇。《異苑》云：死人髮化。其字亦作䱇，俗作鱔。或假鮮字為之，如蟹篆下云：非蛇鮮之穴無所庇，是也。

各本此下有『皮可為鼓』四字。由古以鼉皮冒鼓，鼉、鱓皆从單聲，古書如《呂覽》等皆假鱓為鼉。淺人粗讀古書，率爾妄增，不知字各有本義，許書但言本義，則此四字可增於《黽部》，而不可贅於此也。今刪正。」

鮸 miǎn　　魚名。出薉邪頭國。从魚，免聲。〔亡辨切〕

【注釋】

即黃花魚。

段注：「按今江浙人所食海中黃花魚，乾之為白鮝，即此魚也。一名石首魚，首中有二石。」今黃花魚魚頭中確有石頭，予曾親咀嚼之。

魵 fén　　魚名。出薉邪頭國。从魚，分聲。〔符分切〕

【注釋】

斑紋魚，亦稱「斑魚」。從分，聲兼義也。鳻，鳥聚皃；份，文質備也；紛，亂也。

段注：「《釋魚》曰：魵，鰕。謂魵魚一名鰕魚也。陳氏《魏志》、范氏《後漢書·

東夷傳》皆曰：濊國海出班魚皮。今《一統志》朝鮮下亦云爾，班魚即魵魚也。」

鱸 𩶱 lǔ　　**魚名。出樂浪潘國。从魚，虜聲。〔郎古切〕**

鰸 𩸴 qū　　魚名。狀似蝦，無足，長寸，大如叉股，出遼東。从魚，區聲。〔豈俱切〕

【注釋】

一種像蝦、無腳、長寸餘的小魚。區聲，聲兼義也。區區，小也。

鯜 𩸿 qiè　　**魚名。出樂浪潘國。从魚，妾聲。〔七接切〕**

【注釋】

即鰟鮍魚，形似鯽魚，一種身體側扁的小魚。

常三魚同遊，一在前，二在後若婢妾。明張自烈《正字通·魚部》：「鯜，即妾魚。《爾雅》：鱖鯞。後人因郭璞謂妾魚。崔豹謂之青衣魚，其行以三為率，一前二后若婢妾。」

鯆 𩵽 bèi　　**魚名。出樂浪潘國。从魚，米聲。〔博蓋切〕**

鰨 𩷋 jú　　**魚名。出樂浪潘國。从魚，匊聲。一曰：鰨魚，出江東，有兩乳。〔居六切〕**

【注釋】

段注：「鰨即今之江豬，亦曰江豚。」

魦 𩵶 shā（鯊）　　**魚名。出樂浪潘國。从魚，沙省聲。〔所加切〕**

【注釋】

今作鯊字，吹沙魚亦稱「鯊鮀」「鮀」，是一種生活在溪澗中的小魚。「鯊潯」謂有吹沙魚游動的海邊。今常指鯊魚，亦稱「鮫」，海洋中的大魚，亦作「沙魚」。

段注：「《詩·小雅》有鯊，則為中夏之魚，非遠方外國之魚明甚。蓋《詩》自作沙字，吹沙小魚也。樂浪潘國之魚必出於海，自作魦字，其狀不可得而言也。或云即鮫魚，然魦、鮫二篆不相連屬也。」

「鮫」字段注：「鮫，今所謂沙魚，所謂沙魚皮也。許有魦字，云从沙省，蓋即此魚。」

鱳 lì　魚名。出樂浪潘國。从魚，樂聲。〔盧谷切〕

鮮 xiān　魚名。出貉國。从魚，羴省聲。〔相然切〕

【注釋】

本義是魚名，泛指魚。

《老子》：「治大國若烹小鮮。」鮒魚（即鯽魚）微小，虞翻：「鮒，小鮮也。」這裡的「小鮮」是具體的魚名還是泛指小魚，無法坐實。鯽魚乃小魚中之小者，故老子拿來作比喻，也未嘗不可。

段注：「按此乃魚名，經傳乃假為新鱻字，又假為尟少字，而本義廢矣。」見前「尟」字注。鮮的本義是魚名，鱻是新鮮字，尟乃鮮少字，今皆用鮮為之。

鰅 yú　魚名。皮有文，出樂浪東暆。神爵四年，初捕收，輸考工。周成王時，揚州獻鰅。从魚，禺聲。〔魚容切〕

【注釋】

一種表面有斑紋的魚。

段注：「捕當作搏。搏，索取也。今人用捕字，漢人多用搏字。」

鱅 yōng　魚名。从魚，庸聲。〔蜀容切〕

【注釋】

即胖頭魚，俗名花鰱。鰱魚叫白鰱。今青、草、鰱、鱅，乃四大家魚。從庸之字多有大義，見前「顒」字注。

段注：「郭云：鱅似鰱而黑。陸璣云：鱮，徐州人謂之鰱，或謂之鱅。」

鰂 zéi（鯽）　烏鰂，魚名。从魚，則聲。〔昨則切〕鯽，或从即。

【注釋】

此烏賊之本字也。烏賊，即墨魚。鯽、鰂本一字之異體，後分別異用，鯽作今鯽魚字。

段注：「鰂乃俗鯽字，今人用為鰿魚字。《吳都賦》作賊，他書作鰂。」

鮐 鮐 tái　　海魚名。从魚，台聲。〔徒哀切〕

【注釋】

鮐單用，是海魚名；「鯸鮐」連用，指河豚。中國最後一位宰相胡惟庸，乃為人燒河豚起家，時謂之「河豚宰相」。

段注：「鮐亦名侯鮐，即今之河豚也。《貨殖傳》：鮐鮆千斤。鮐狀如科斗，背上青黑，有黃文。《詩》：黃髮台背。毛曰：台背，大老也。箋云：台之言鮐也，大老則背有鮐文。是謂台為鮐之假借字，今《爾雅》作鮐背。」

鮊 鮊 bà（鮁）　　海魚名。从魚，白聲。〔旁陌切〕

【注釋】

即今鮁魚，《廣韻》作鮁。鮁魚為海魚。

鮊今又指另一種魚，身體延長，側扁，為淡水經濟魚類之一。常見的有「翹嘴紅鮊」「短尾鮊」等。

鰒 鰒 fù　　海魚名。从魚，复聲。〔蒲角切〕

【注釋】

俗稱「鮑魚」，鮑、鰒一語之轉也。軟體動物，貝殼橢圓形，生活在海中，肉可食。貝殼中醫入藥，稱「石決明」。

段注：「鰒似蛤，一偏著石。《廣志》曰：鰒無鱗有殼，一面附石，細孔雜雜，或七或九。《本草》曰：石決明，一名鰒魚。李時珍云：與石決明同類殊種。」

鮫 鮫 jiāo　　海魚，皮可飾刀。从魚，交聲。〔古肴切〕

【注釋】

即鯊魚也。

鮫，佼也，海中動物之勇猛特出者。又「鮫人」，神話傳說中生活在海中的人，其淚珠能變成珍珠，亦作「蛟人」。「鮫綃」指鮫人所織的綃，極薄，後用以泛指薄紗。陸游《釵頭鳳》：「淚痕紅浥鮫綃透。」

段注：「今所謂沙魚，所謂沙魚皮也。許有魦字，云从沙省，蓋即此魚。陳藏器曰：沙魚狀皃非一，皆皮上有沙，堪揩木，如木賊。蘇頌曰：其皮可飾刀靶，按其皮可磨錯，故通謂之鰓魚。《中山經》有鮫魚，郭云：即此魚。《中庸》：黿鼉鮫龍。本又作蛟。」

鱷jīng（鯨）　　**海大魚也。从魚，畺聲。《春秋傳》曰：取其鱷鯢。〔渠京切〕䲔鱷，或从京。**

【注釋】

今通行鯨字，鯨魚也。從京之字、之音多有大義，見前「京」字注。

段注：「此海中魚最大者，字亦作鯨。《羽獵賦》作京。京，大也。雄曰鯨，雌曰鯢。」

鯁gěng　　**魚骨也。从魚，更聲。〔古杏切〕**

【注釋】

鯁，本義是魚刺。

引申為正直義，「骨鯁」謂正直也。魚骨留咽中，是為禍害，故引申出害、禍害義。《國語》：「除鯁而避強，不可謂刑。」《詩經》：「誰生厲階，至今為梗。」梗，一本作鯁，害也。骾、鯁、梗，同源詞也。《說文》：「骾，食骨留咽中也。」《說文》：「梗，山枌榆，有刺。」

段注：「山枌榆，又枌榆之一種也。有刺，故名梗榆，即《齊民要術》所謂刺榆者也。《方言》：凡草木刺人，自關而東或謂之梗。按梗引申為凡柯莖鯁刺之稱。」

又段注：「魚骨也，故其字从魚，與《骨部》骾字別，而骨骾字亦多借鯁為之。《爾雅》曰：魚枕謂之丁，魚腸謂之乙，魚尾謂之丙。今益之曰：魚骨謂之鯁，魚甲謂之鱗，魚臭謂之鮏。」

鱗lín　　**魚甲也。从魚，粦聲。〔力珍切〕**

【注釋】

本義即魚鱗。「鱗爪」謂瑣碎細小的事，也指事情的一部分。

鮏xīng　　**魚臭也。从魚，生聲。〔桑經切〕〔臣鉉等曰：今俗作鯹。〕**

【注釋】

本義是魚腥，專字作鮏。《說文》:「胜，犬膏臭也。」音 xīng，本義是肉腥。

段注:「今經典膏胜、胜肉字通用腥為之而胜字廢矣，而腥之本義廢矣。」今肉腥、魚腥均作腥。

鱢 sāo　　鮏臭也。从魚，喿聲。《周禮》曰：膳膏鱢。〔穌遭切〕

【注釋】

胜臊與鮏鱢音義並同。

鮨 qí　　魚胳醬也，出蜀中。从魚，旨聲。一曰：鮪魚名。〔旨夷切〕

䰼 zhǎ　　藏魚也。南方謂之魿，北方謂之䰼。从魚，差省聲。〔側下切〕

【注釋】

俗作鮓，醃魚也。

段注:「《釋名》曰：鮓，葅也。以鹽米釀魚為葅，孰而食之也。按古作䰼之法，令魚不朽壞，故陶士行遠遺其母，即《內則》之魚膾，聶而切之者也。」

魿 qín　　䰼也。一曰：大魚為䰼，小魚為魿。从魚，今聲。〔徂慘切〕

鮑 bào　　饐魚也。从魚，包聲。〔薄巧切〕

【注釋】

饐，食物腐敗發臭。

鮑魚，鹹魚、醃魚也。如「如入鮑魚之肆，久而不聞其臭」「鮑魚芝蘭，豈可混於一室」。「鮑肆」謂鮑魚之肆，賣鹽漬魚的商店，比喻小人聚居之所。見前「鰒」字注。

魿 líng　　蟲連行紆行者。从魚，令聲。〔郎丁切〕

鰕 xiā（蝦、虾）　　魵也。从魚，叚聲。〔乎加切〕

【注釋】

今作蝦，簡化作虾。鰕凡有三義。

又指鰕虎魚的統稱，《爾雅》：「魵，鰕。」郭注：「出穢斜頭國，濊國出斑鮍，漢時恒獻之。斑、魵同聲字也。」魵魚，斑紋魚，亦稱「斑魚」。又指大鯢，《爾雅》：「鯢，大者謂之鰕。」

段注：「至於物有同名異實者，如《爾雅》鰕三見。鰝，大鰕，則今之蝦也。魵鰕，則穢邪頭之魚也。鯢大者謂之鰕，則今有四腳之魚也。而皆謂之鰕，豈可合而一之乎？鰕篆者，長須水蟲之正字，古亦借瑕為之。凡叚聲如瑕、鰕、騢等皆有赤色，古亦用鰕為雲椵字。」

鰝 hào　大鰕也。从魚，高聲。〔胡到切〕

【注釋】

大海蝦，長二三丈，鬚長數丈。高聲，聲兼義。

段注：「見《釋魚》，郭云：鰕大者出海中，長二三丈，鬚長數丈。今青州呼鰕魚大者為鰝鰕。《吳都賦》曰：翼鰝鰕。」

鮥 jiù　當互也。从魚，咎聲。〔其久切〕

【注釋】

鰣魚也，背黑綠色，鱗下多脂肪，是名貴的食用魚。

魧 háng　大貝也。一曰：魚膏。从魚，亢聲。讀若岡。〔古郎切〕

【注釋】

從亢之字多有大義，見前「亢」字注。

鮩 bǐng　蚌也。从魚，丙聲。〔兵永切〕

鮚 jī　蚌也。从魚，吉聲。漢律：會稽郡獻鮚醬。〔巨乙切〕

【注釋】

一種蚌。「鮚醬」謂用蚌肉製作的醬。從吉之字多有堅直義，見前「桔」字注。

段注：「《地理志》：會稽鄞縣有鮚埼亭。師古曰：鮚，蚌也，長一寸，廣二分，有一小蟹在其腹中。埼，曲岸也，其中多鮚，故以名亭。」

鮅 bì　魚名。从魚，必聲。〔毗必切〕

鱹 qú　魚名。从魚，瞿聲。〔九遇切〕

鯸 hóu　魚名。从魚，侯聲。〔乎鉤切〕

鯛 diāo　骨端脃也。从魚，周聲。〔都僚切〕

鯙 diāo　烝然鯙鯙。从魚，卓聲。〔都教切〕

【注釋】

今《詩經》作「烝然罩罩」。許書有徑引古書原文當作釋義之體例。「罩罩」，遊魚擺尾貌，本字當作「鯙」。

鱍 bō　鱣鮪鱍鱍。从魚，犮聲。〔北末切〕

【注釋】

今《詩經》作「鱣鮪發發」。「發發」，魚活躍貌，本字當作「鱍」。

段注：「按《毛詩》：鱣鮪發發。傳曰：發發，盛皃。」

鈇 fū　鯕魚，出東萊。从魚，夫聲。〔甫無切〕

【注釋】

段注：「依《玉篇》當作鈇鯕魚，《廣韻·七之》又單出鯕字，云：鯿魚。」

鯕 qí　魚名。从魚，其聲。〔渠之切〕

鮡 zhào　魚名。从魚，兆聲。〔治小切〕

魤 huà　魚名。从魚，七聲。〔呼跨切〕

鱻 xiān（鲜）　新魚精也。从三魚，不變魚。〔相然切〕〔徐鍇曰：三，眾也。眾而不變，是鱻也。〕

【注釋】

精，通「鯖」，指肉和魚同燒的雜燴。新魚鯖者，謂用活的鮮魚烹製的雜燴。鱻乃新鮮之本字也。見前「鮮」字注。

段注：「云精者，即今之鯖字。《廣韻》云：煮魚煎食曰五侯鯖。煎食作煎肉者，誤，謂以新魚為肴也。引申為凡物新者之稱。凡鮮明，鮮新字皆當作鱻，自漢人始以鮮代鱻。如《周禮》經作鱻，注作鮮，是其證。今則鮮行而鱻廢矣。」

文一百三　重七

鰈 dié　比目魚也。从魚，葉聲。〔土盍切〕

【注釋】

比者，並也，此魚兩眼睛長在一側，故稱比目。身體呈舌頭形，常潛伏在水底。從枼之字多有薄義，見前「葉」字注。

魮 pí　文魮，魚名。从魚，比聲。〔房脂切〕

鰩 yáo　文鰩，魚名。从魚，䍃聲。〔余招切〕

【注釋】

文鰩魚，又名飛魚、燕鰩魚。魚綱飛魚科，尾長，胸鰭高，特別發達，擴展後，可以在水面或空中作較長距離的滑翔。生活在大海的上層，喜光，夜晚常飛到船甲板上。今海洋公園多見此魚。

文三　新附

𩺰部

𩺰 yú　二魚也。凡𩺰之屬皆从𩺰。〔語居切〕

【注釋】

段注：「此即形為義，故不言从二魚。二魚重而不並，《易》所謂貫魚也，魚行必相隨也。」此所謂會意中有象形。

今按：此或「行走與與」之本字也，魚貫而行，是為優游也。「歟」字段注：「如趣為安行，鸒為馬行疾而徐，音同義相近也，今用為語末之辭，亦取安舒之意。通作與，《論語》：與與如也。」皆同源詞也。

瀏 yú（漁）　**捕魚也。从鱻，从水。〔語居切〕 篆文瀏，从魚。**

【注釋】

今通行重文漁字。本義是動詞，捕魚也，今有「竭澤而漁」。又指謀取也，多指不正當東西，如「漁利」。漁，謀也，《漢書》：「以氣力漁食閭里。」

段注：「捕魚字古多作魚，如《周禮·𠤎人》本作魚，此與取鱉者曰鱉人，取獸者曰獸人同也。《左傳》：公將如棠觀魚者。魚者，謂捕魚者也。」

文二　重一

燕部

燕 yàn　**玄鳥也。籋口，布翅，枝尾。象形。凡燕之屬皆从燕。〔於甸切〕**

【注釋】

籋，今鑷字。布，貨幣也，鐵鏟形。玄者，黑也。

玄鳥者，燕子也。「小燕子穿花衣」者，乃誆騙兒童之歌謠也。《詩經·商頌》有「玄鳥」篇，商人之祖先契，乃其母簡狄吞燕卵而生，有「玄鳥生商」之說，故商人以子為姓。子，卵也，今山東方言有把雞蛋叫作雞子者。燕又名乙，故《水滸傳》燕青，名小乙。

段注：「乙下曰：燕燕也。齊魯謂之乙。《隹部》巂下曰：巂周者，燕也。《邶風》傳曰：燕燕，乙也。《商頌》傳曰：玄鳥，乙也。《釋鳥》曰：巂周、燕燕，乙也。古多假燕為宴安、宴享。」今有「燕飲」「燕樂」，後又寫作「醼」「讌」，故宮養心殿有「燕喜堂」。

文一

龍部

龍 lóng（龙）　**鱗蟲之長。能幽，能明，能細，能巨，能短，能長。春分而登天，秋分而潛淵。从肉，飛之形，童省聲。凡龍之屬皆从龍。〔臣鉉**

等曰：象宛轉飛動之貌。〕〔力鍾切〕

【注釋】

龙乃草書楷化字形。

「龍鍾」者，指衰老，行動不便貌，今有「老態龍鍾」；又指潦倒不得志貌，白居易詩：「莫問龍鍾惡官職，且聽清脆好文章。」又沾濕貌，如「雙袖龍鍾淚不乾」。

龗 líng　龍也。从龍，霝聲。〔郎丁切〕

龕 kān　龍貌。从龍，合聲。〔口含切〕

【注釋】

本義未見用例，常用義是供奉佛像、神位等的小閣子，如「佛龕」「神龕」。遼代和尚釋行均編有字書《龍龕手鑒》。又指佛塔，特指葬僧人的塔，如「龕墳」。又通「戡」，平定也，今有「龕世」「龕亂」「龕定」。

段注：「龍皃，此篆之本義也，叚借為戡亂字，今人用戡、堪字，古人多叚龕。《文選》注引《尚書孔傳》曰：龕，勝也。」

龘 jiān　龍耆脊上龘龘。从龍，幵聲。〔古賢切〕

龖 dá　飛龍也。从二龍。讀若沓。〔徒合切〕

文五

飛部

飛 fēi（飞）　鳥翥也。象形。凡飛之屬皆从飛。〔甫微切〕

【注釋】

今簡化字飞乃省旁俗字也。段注：「翥者，飛舉也。古或假蜚為飛。」引申為無緣無故的，無根據的，意外的，如「飛災」「飛語」「飛禍」。

䢿 yì（翼）　翄也。从飛，異聲。〔與職切〕 篆文䢿，从羽。

【注釋】

今通行重文翼。

段注：「翼必兩相輔，故引申為輔翼。又凡敬者，必如兩翼之整齊，故毛傳曰：翼，敬也。鄭箋云：小心翼翼，恭慎貌。」

常用義是輔助，今有「輔翼」。側謂之翼，今有「兩翼」。「翼翼」，謹慎貌也，《爾雅》：「翼，敬也。」今有「小心翼翼」；又整齊貌，鳥羽必整齊也，故引申此義，《詩經》：「商邑翼翼。」又盛壯貌，《廣雅》：「翼翼，盛也。」枚乘《七發》：「紛紛翼翼，波湧雲亂。」

文二 重一

非部

非 fēi 　**違也。从飛下翄，取其相背。凡非之屬皆从非。〔甫微切〕**

【注釋】

違者，分開、向背也。非之本義是分開。

徐灝《說文解字注箋》：「取飛字下體而為此篆，合甲文。」常用責怪義，《史記》：「反古者不可非。」今有「非議」「非難」。無也，左思《三都賦》：「雖寶非用。」

晝 fěi 　**別也。从非，己聲。〔非尾切〕**

靡 mí 　**披靡也。从非，麻聲。〔文彼切〕**

【注釋】

本義是披靡。披，散也。靡，倒下也。

段注：「披靡，分散下垂之貌。凡物分散則微細，引申之謂精細可喜曰靡麗。又與亡字、無字皆雙聲，故謂無曰靡。」

靡之常用義為倒下，今有「望風披靡」。引申有細膩義，《小爾雅》：「靡，細也。」宋玉《招魂》：「靡顏膩理。」又華麗也，《漢書》：「靡衣媮食。」有浪費義，今有「靡費糧食」。

靠 kào 　**相違也。从非，告聲。〔苦到切〕**

【注釋】

段注：「今俗謂相依曰靠，古人謂相背曰靠，其義一也，猶分之合之皆曰離。」

陛![small seal] bī　　**牢也，所以拘非也。从非，陛省聲。〔邊兮切〕**

【注釋】

今狴犴之本字也。

段注：「牢者，閑養牛馬圈也。引申之，凡閑罪人者曰陛牢，即夏均臺、殷羑里、周圜土、秦囹圄、漢若盧也。《法言》曰：狴犴使人多禮。字作狴，猶鄉亭之繫曰犴、朝廷曰獄，字皆从犬。」

文五

卂部

卂 xùn　　**疾飛也。从飛而羽不見。凡卂之屬皆从卂。〔息晉切〕**

【注釋】

此迅之初文也。

饒炯《說文部首訂》：「其从飛省者，造字遠取諸物也。蓋迅疾之事，凡物皆有，情亦難狀，唯飛較疾，飛不見羽尤疾，故迅疾字，古文省飛之毛羽以指事。」段注：「引申為凡疾之稱，故撞下曰：卂擣也。《辵部》：迅，从卂。」

煢 qióng　　**回疾也。从卂，營省聲。〔渠營切〕**

【注釋】

常用義是孤獨。今有「煢煢孑立，形影相弔」，謂孤獨一人，只有形和影相互安慰。弔，安慰也。

文二